多様な「性」がわかる本

性同一性障害・ゲイ・レズビアン

伊藤 悟・虎井まさ衛＝編著

高文研

◆はじめに

性同一性障害（トランスジェンダー／トランスセクシュアル）や同性愛（レズビアン／ゲイ）と聞いて、あなたはどんなイメージを浮かべますか？　あなたの生活に関わらぬ「異世界」のことと受けとめる……前者と後者をごっちゃにしている……あるいはイメージすら浮かばないかもしれません。私たち当事者は、社会的・歴史的に（特にテレビなどのメディアによって）少数派として勝手なイメージを作られ、勝手に語られてきたために、生きていく過程で、偏見や悪意などさまざまな壁にぶつかります。そうした現実はまだまだ知られていません。私たちが「共に生きよう」と呼びかけても、時としてその意味すら理解されません。存在そのものさえ認識されていないからです。

この本は、そんな状況を少しでも変え、私たちの現実を、差別から希望までリアルに表現しようと企画されました。あなたの視野が広がれば、あなたの生き方も豊かになります。さあ、ページをめくってください！

伊藤 悟

●――もくじ

装丁＝商業デザインセンター・松田　礼一

第1章

性同一性障害

《簡単用語解説集》

〔FTM〕——女性から男性へ（190～191ページ参照）。

〔MTF〕——男性から女性へ（190～191ページ参照）。

〔カミングアウト〕——この章では自分が性同一性障害を抱えていることを伝え、相手との関係性を変えていく過程（198～201ページ参照）。

〔埼玉医科大学の答申・GIDのガイドライン〕——1996年の「性同一性障害の治療を公式に行う」という埼玉医科大学の答申を受けて、日本精神神経学会「性同一性障害に関する特別委員会」が発表した診断と治療のガイドライン（208～213ページ参照）。

〔ジェンダー〕——社会が本人の意志とは別に「常識」「慣習」として押し付けてくる「女／男らしさ」。

〔ジェンダークリニック〕——性同一性障害の治療を、日本精神神経学会のガイドラインに沿った形で実施する医師の集合体。精神科医、形成外科医、泌尿器科医、産婦人科医などから構成される。心理関係の専門家やソーシャルワーカーも参加する。現在のところ、国内では埼玉医科大学と岡山大学にしか存在しないが、必ずしも同じ大学内の医師だけで作られているわけではなく、広く専門知識の豊富な人びとを募って営まれている。

〔GID（性同一性障害）〕——心と身体の性別がくい違っていることで悩み苦しむ状態、医学用語（188ページ参照）

〔性的指向（セクシュアル・オリエンテーション）〕——性的な意識（恋愛やセックスをしたいと思う感情）がどんな人に向かうか（181～183ページ参照）。

〔性別適合手術（SRS）〕——いわゆる「性転換手術」（191・208～213ページ参照）。

〔TG（トランスジェンダー）〕——医学用語とは別に当事者から提唱された、心と身体の性別が異なる人の総称。狭義には、周囲から自分の思っている通りの性として扱われることができたらそれでよし、とする人のこと（189～190ページ参照）。

〔TNJ（TSとTGを支える人々の会）〕——1996年8月に発足、学習会や体験交流会、家族会などを行っている性同一性障害を持つ人のための支援・自助グループ。普段の活動は、プライバシーへの配慮から、参加者を当事者やその家族、パートナー、支援者（医療関係者、カウンセラーなど）に限定して行っている（142・164～165ページ参照）。

〔TS（トランスセクシュアル）〕——GIDの中でも最も重いもので、外科手術、特に外性器形成を強く望む症状あるいは人（190ページ参照）。

〔半陰陽〕——女性と男性の中間的な性別をもつ人（インターセックス〈IS〉、191～195ページ参照）。

〔ヘテロ（ヘテロセクシュアル）〕——異性愛者。

〔ホルモン療法（ホルモン投与・ホルモン注射）〕——210～211ページ【注】を参照のこと。

手記

自然に電車に乗れるまで

上川あや　MTF

かみかわ・あや。TNJ（TSとTGを支える人々の会）運営メンバー。サラリーマンを辞め、OLとして社会復帰するまでに三年半を要した。現在、都内の一般企業に女性として勤務。FTMTSの彼と二人暮らし。

「家を出て一人でやっていきます」

一九九七年七月、父と二人きりのリビングで、私は泣きながらそんな言葉を口にした。性同一性障害の自助支援グループ「TNJ（TSとTGを支える人々の会）」が初めての公開シンポジウムを開催した翌日のことだ。

前年、埼玉医科大学は性同一性障害に対する治療法の一つとして、性別適合手術（SRS）を認める答申を出し、シンポジウムに先立つ五月には、日本精神神経学会が性同一性障害に対する治療のガイドラインを策定した。一連の動きを受けて、マスコミの性同一性障害への関心はかつてなく高まっていた。

シンポジウムの様子は、当夜のテレビニュースでも大きく取り上げられ、その映像は両親の囲む食卓にも届けられた。

母にはシンポジウムへの参加を伝えてあった。

会場の様子を伝える映像が流れるなか、母の口からはなかば衝動的に「あの子は今日ここに行ってるのよ」という言葉が出たそうだ。

とっさの話題を理解しかねる父を置き去りにして、ニュースは別の話題に移ってしまった。

母は自らの言葉でさらなる説明を余儀なくされた。

❖一〇年間の沈黙を経て

私が初めて自分の性のあり方について語ったのは一七歳の時のことだ。同級生との交際が哀しい結末に終わったことをきっかけに、男性にしか惹かれない心の葛藤を母に告白したのだ。

当時の私は、自分を同性愛者なのだろうと漠然と考えていた。「心の性」と「体の性」を分ける概念はなかった。男性として扱われることを不快に思ったり、男性としての身体を嫌悪しながらも、「男性」に生まれて男性に惹かれる以上、それは同性愛なのだろうと考えたのだ。

私の突然の告白に、母の第一声は意外なものだった。「なぜかしら？　驚かないわ」と言うのだ。

中学一年の初恋以来、好きになる対象は決まって男性だった。そして自分にとって自然な振る舞いは「女っぽい」という理由で揶揄《やゆ》の対象とされた。自分の心の葛藤は誰にも相談できないことだと思った。自分が世間の異端になることが恐ろしく、いつの頃からか女性の好きなごく普通の男子を演じるようになった。

家族や親友にさえ心の内を打ち明けることのできない閉塞状況は、高校の卒業間際まで続いた。思春期を通じて「自分は皆に嘘をついている不誠実な人間だ」「誰も本当の自分を知る人などいない」といった罪悪感や孤独感に苛《さいな》まれた。

「なぜ生まれてきたんだろう」「だれも悲しむ人がいないならこの世から消えてしまいたい」などと母に漏らしたこともある。それでも決して悩みの核心を語ることのない私に、母はずっと疑問を抱いていたという。

失恋をキッカケとした私の告白に触れたことで、母はそれまで感じてきたいくつもの疑問が氷解したようだった。

じっと私の言葉に耳を傾けた母は、「世の中にはそういう人もいるのね」「人に迷惑をかけなければ別に悪いこととは思わない」といった受容の言葉をかけてくれた。

この初めての告白から一〇年もの間、私が自分の性の在り方について、再び母に語ることはなかった。

悩みが解消されたわけではない。当時の私には自身の核心をあえて直視しないでいるようなところがあった。自分らしく生きることで予想される周囲との軋轢《あつれき》が恐ろしく、ごく普通の男性として社会のレールに乗るほかないという意識がその根底にあったのだと思う。

大学を出てごく普通のサラリーマンになった私は、男性として社会適応しようと必死になった。深夜に及ぶ勤務にたび重なる出張、お酒の席にも愛想よく付き合う日々——。

組織内での評価は高まった一方、就職して一年もすると、円形脱毛症や十二指腸潰瘍、全身の蕁麻疹《じんましん》、多汗症といった身体症状に悩まされるようになった。傍目《はため》には男性として順風満帆な日々を送りながらも、心の内では毎日が苦しく空しい。五年あまりのサラリーマン生活を続ける中で、私は自身の内面を偽り続けることに限界を感じるようになった。

なぜこれほど苦しいのか？　自分の内面を見つめ直そうと最初に接触したのは、同性愛者のハイキングサークルだった。苦しみをわかち合える仲間を求めての参加だったが、そこで出会った参加者と自分とは違うと感じた。彼らの多くは男性として男性が好きなのであって自分にフィットする体を持っているように思えた。自分の体を嫌悪し、男性として扱われることに苦しむ私とは違っていたのだ。

自分探しは「ふりだし」に戻った。ふたたび歩くべき方向を探しあぐねていた時、ふと見たゲイ雑誌に、ある勉強会の告知を見つけた。男性であることが苦しい人……そんなフレーズがあったように記憶している。私が抱えてきた苦しみを言い当てられたような表現に、その勉強会に参加してみようと心に決めた。

ほどなく開かれたその勉強会には、自分の根幹について「そうだよね」と共感しあえる人たちとの出会いがあった。彼らと語り合い、自分の内面とを対比するなかで、私は私の内面が女性のそれに近いのだという事実に思い当たった。

自分が何者であるのか整理されてくるにしたがって、自分の内面を偽って生きていっても、心からの幸せは得られないのではないか？　と思うようになった。男性として生きる努力はもう十分にしてきたと思った。それでも苦しくて仕方なかったのだ。

思い悩んだ末に私は、自分の性について母に一〇年ぶりの告白をした。自分の心は女性のそれにとても近いと思えること、自分の体に違和感を感じつづけてきたこと、男性として適応する努力を続けてきたけれど、毎日がとても苦しいこと……。

母は一〇年前の告白も覚えていた。母の態度は以前のそれと変わることはなかった。私の話に聞き入り、そして受容の言葉をかけてくれた。私は身近な理解者を得たことが嬉しく、その後も、ホルモン療法を始めること、仕事を辞めることなど、折々の不安や葛藤を母に打ち明けるようになった。

こうして私が溜飲《りゅういん》を下げる一方で、深刻な悩みを打ち明けられた母は心の負担を強いられる結果となった。しかしそのことに気づいたのは、かなり後のことだった。

「あたしが真剣に考えていることを、きちんと話せるのが本当のパートナーだと思うから話したのよ」

❖父の受容

シンポジウムから帰宅した夜、母は私の悩みについて父に話した理由をそんなふうに語った。

「女になりたいと言っているのか？」と問う父に、「男でいるのは違うって言っている」と母は答え、これまで私が語ってきた苦悩を父に伝えようとしてくれたらしい。

「本人が苦しいならしょうがないじゃないか、勝手にしてもらうしかない」

父はそう言って寝てしまったという。私はこれまで母に心労を強いてきたことに気づき、それまでのわがままを詫びた。私が誰にも相談できず一人で苦しんできたように、容易に解決策を見出しえない不安感や閉塞感を母にも押しつけてしまったのだと思った。

二人きりで語り続けた夜半過ぎ、翌日私が父と話し合うつもりであることを伝え、互いの寝室に向かおうとしたその時、背後の母に呼び止められた。

「明日もしお父さんが、あんたに出て行けと言ったら、あたしも家を出るから……」

突然の一言に驚く私に母は続けた。「あんたを庇《かば》おうと思って言うんじゃないのよ。そうやって苦しんでいるあんたに、もし出て行けと言うような人だったら、あたしとは価値観が違うから、もう一緒には暮らしていけない」。

私の周囲を見渡して、親、きょうだいの理解を得られず苦しんでいる当事者は少なくない。何年もの時間をかけて受容された友人もいる。すぐに理解を得ることはできなくても地道に努力をするつもりであることを必死で母に伝え、やっとのことで互いの床に就いた。

翌日の午後、家には父と私の二人きりだった。きちんと話そうと意を決した。泣きながら話すのは卑怯な気がして「絶対に泣かないで話をしよう」と思った。

リビングで新聞を読む父に「話があるんだけど……」と勇気を振り絞った瞬間、父が返してくれた「何だい？」の一言には受容の響きがあった。泣かないはずの決心は一気に崩れてしまった。結局、父と話をした二時間あまりの間、私の涙が止まることはなかった。

私の告白に対し、父が発した言葉は数えるほどだ。「はっきりいってショックだけど仕方がない。本人が苦しいのにどうこう強制することはできないのだから、自分のいいようにしてもらうしかない」「世間はこういったことに無理解だが、どうやって生きていくんだい？」。

明確なビジョンを示せるはずもない。家族を自分の問題に巻き込むことを避けるため、家を出るつもりであること、先々は女性として仕事に就けるよう努力するつもりであると伝えるのが、私にできる精いっぱいだった。

「親不孝でごめんなさい」と謝る私に「お前が悪いわけじゃないのかもしれないから謝らなくて

もいい」と父は言葉を返した。

両親からはひとまずの受容を得ることができた。家庭の崩壊という最悪の事態を避けられた安堵もあった。とはいえ、これからどう道を拓《ひら》いてゆけばいいというのだろう？　素に戻れば五里霧中の自分がいた。未来はただ茫漠《ぼうばく》として、明るい兆しなど何一つなかったのだ。

❖引きこもりからの脱出

シンポジウムの前年、五年勤めた職場を辞めた。

退職の直接の引き金となったのは、目前に迫った健康診断だった。最初の勉強会からほどなくして、私はホルモン療法を始めていた。徐々に女性化してゆく体。嫌悪でしかなかった「男性化のネジ」を逆に巻き戻していくような気分。うれしい反面、家族にさえその変化を気づかれまいと猫背になって過ごした。

あれだけ悩まされた体調不良は、退職すると嘘のように快方にむかった。「もう男を演じなくていい」と安堵したのはつかの間のこと。時間をもてあまし、社会に根をもたない自分が急に頼りなく思えてくる。

性を移行しながら働くことは難しく思えた。無職でのアパート探しも容易なことではない。当時は埼玉医大での動きも表面化していなかった。この問題に精通する専門家は皆無に近く、性の移行に歩みはじめたものの、どう進むべきか思案に暮れるほかなかった。

私はその打開策に、シンガポールへの留学を決めた。東南アジアフリークだった私には、専門医が存在し、生活費の安い彼の地が性の移行を進める好適地に映った。

辞書と英字紙を手に住まい探しから始め、語学学校に入って学生ビザを取得した。日本から手紙を書いておいた大学病院でホルモン療法を始めたものの、当然ながら変容は容易でない。現地の状況がわかるにつれて、現地の狭いコミュニティに辟易《へきえき》し、滞在先を変更しようと翌年帰国した。

次いで目指したのはサンフランシスコだ。下見に出かけて驚いたのは、サポートグループの充実ぶりだ。一〇日ほどの短い滞在にもかかわらず、三日と空けず自助グループの会合が開かれる。親しくなったMTFからは、留学した場合のステイ先まで紹介された。順調な滑り出しに思われたが、彼女の一言は甘い幻想を打ち砕くのに十分だった。「あなたがきれいに変われるのなら大丈夫。暮らしていけるわ。でも気をつけて。変わっていく過程は危険よ。殺される危険さえあるのよ……」。

時を同じくして日本では、埼玉医大の倫理委員会が条件つきながら、SRSを認める答申を出し、流れが大きく変わりはじめていた。こうした動きに呼応して自助グループであるTNJの活動も始動していた。

結局、私は実家に戻り、「嘲笑されても殺されない」日本での暮らしを選んだ。

当時の私は髪を伸ばし、漫然とホルモンを摂取しただけの姿。自宅にいる以上、これ以上女性らしくなることは憚《はばか》られた。中性的な外見、無職であることも手伝ってバツが悪く、外出する気にもなれない。家にこもったところで、家庭内でさえ肩身が狭く、自室から出るのにさえ気を遣う始末。そして知らず知らずのうちに引きこもり傾向を強めていった。そんな状態に自分でも嫌気がさした。そして一人、閉塞感の元凶を見つめ始めた。

勇気と収入の道の欠如から消極的な理由で実家に戻ったこと。近所の目を気にして、中性的な外見に自ら留まっていること。似合わない化粧や服装は自分でも見たくないからとトライアルさえしないこと。そんな自分に自信がもてるはずもなく、傷つくのを恐れて就業はもちろん社会との接点をなるべく避けていること……思いあたるフシはいくつもあった。

とりあえずできることは何か？　と考え、最初に始めたのは「永久脱毛」だった。エステの針脱毛に通い始めたものの、その苦痛は想像以上だった。ヒゲはピンセットでつまめる長さに伸ばす必要があり、施術中は叫び出したいほどの痛みを伴った。さらにこの種の治療には多額の費用と長期的な施術が必要とされた——。

なかなか現れないその効果に苛立ち始めた頃、新聞から「レーザー脱毛」の文字が目に飛び込んでくる。当時、最初に導入した医療機関全てに足を運び、カウンセリングを受けた。結局、数カ月の期間と数万円であっけなくヒゲはなくなった。本来の自分らしくなったような気がして安心した。至近距離で人と接することにさえ苦痛を感じてきたこれまでが嘘のようだった。

何が必要なのかを考え実際に歩みだすこと。そして変わっていく自分――。振り返って、この小さなトライアルの成功が、引きこもりという迷路から抜け出す大切なヒントを与えてくれたように感じている。

❖女性姿での一人暮らしと求職活動

性的指向が男性に向いている私にとって、男性の存在は「キレイになりたい」と思わせる強い力を秘めている。自分を惹きつける人の存在は、私に性の移行を加速させる重要なファクターでもあった。

初めてきちんと化粧をし、女性の服装をしたのは、男性との初デートを控えた前日のこと。理解ある女友達にSOSを発し、化粧のノウハウと服の貸し出しを得ることができた。それまで似合わない自分を見るのが嫌で避けてきたことが、やさしい彼女たちに誉められ、「結構いける」と初めて思った。調子にノって外出したが、すれ違う人に気づく様子もない。永久脱毛とホルモン療法、長く伸びた髪で女性に近い素地ができあがっていたのだろう。化粧と服装で女性らしさを補強したことでそれまでの「中性的外見」は一変した。

この初めてのデートをきっかけに、女性姿で過ごす時間は徐々に増していった。しかし実家にいる以上、近所では「息子」を続けざるを得なかった。外見上の二重生活を解消し、性の移行を進めたいと考えた私は、一人で暮らすアパートを探し始めた。女性姿で訪ねた不動産屋では、戸籍上の性を伝えざるを得なかった。契約時に住民票を出す必要がある以上、カミングアウトは避けて通れないことに思えた。

不動産屋では自分が実家にいることで家族に迷惑をかける恐れがあること、自分が自分らしく暮らすために独立して居を構えることが必要なことを泣きながら訴えた。

同情した担当者からは所有者宅から離れた不動産屋の管理物件を紹介され入居が決まった。女性姿での引っ越し。その日を境に女性としてフルタイムの生活に突入した。容姿は何も言わなければ女性として通用するところまで変わっていた。ただ一つの問題を除いては……。

たった一つの問題。それは喉仏の存在だ。それを根拠に悟られるのではないかとの不安が去ることはなかった。周囲に喉仏を切除した経験者はなく、不安はつきまとったが、女性として社会復帰するために手術は避けては通れないと思った。

四人の形成外科医のカウンセリングを受けて、半年以上悩んだ末に手術を受けた。コンプレックスの解消を目指して臨んだ手術だったが、術後しばらくの間、全く声を失い愕然とした。徐々に声は戻ってきたものの、以前より低くなった声が、新たなコンプレックスになった。この新たな悩みの脱却には、その後の長期経過による声の復調と、女性として生活することで自信が醸成されるのを待つほかなかった。

手術後半年を経て、痕《あと》が目立たなくなってきた時点で求職活動を始めた。

女性として就業できる自信があったわけではない。女性として受け入れられるためにできる努力は全てやった。あとはどれだけ通用するのか、勇気を出して試すほかないと思った。貯金を取り崩す形で性の移行を模索してきたが、数年を経て貯えも底をついてもいた。

しかし望みの性で暮らす当事者が、戸籍上の性別を明かさず正社員になることは非常に難しい。年金手帳などの公的書類には、外見と異なる性別表記がある。これらの提出を避ける必要から正社員となって社会保険に加入することを諦め、アルバイトや派遣社員といった不安定な職位に身を置く当事者も多い。夜の接客業に就くしかないと考える人たちもいる。カミングアウトして就労することも困難を伴う現状にあって、当事者の生活基盤はその多くがとても脆弱だ。

こうしたなか私は女性として人材派遣会社に登録し、そこで紹介された会社で働きはじめた。以来、女性として就業し、戸籍上の性は知られていない。それでも戸籍の性別に縛られる結果、正社員になることは難しく、納税義務を果たす一方で、労働者としての権利は全く得られていない。

近ごろ、通勤電車の中でふと不思議な感覚に陥ることがある。いつのころからか緊張せずに電車に乗っている自分がいることに気がつくのだ。

性の移行を始めてからは「あの人はどっち？」と言われている気がして、誰かの話し声や視線が絶えず気になり、電車に乗ることが恐かった。フルタイムの女性生活に入ってからさえも、喉仏がもとで看破《かんぱ》され、今までの努力が、無に帰する気がして、絶えずうつむいて乗っていたはずだった。

性の移行に踏みだしてから数年を経て、いつしかその緊張感が薄れていることに気がつく。

窓の外、流れゆく景色を眺める。車内で読書に没頭する。

そんなごく普通のことを、当たり前にできるようになった自分を嬉しく思う。

過去を振り返って、何人ものキーパーソンとの出会いがあって今の私があることにあらためて気づかされる。彼、彼女らとの出会いにあらためて感謝したい。

手記

うつ病と生活保護と性同一性障害

新井　友香　MTF

あらい・ゆか。一九七二年生まれ。大阪府立交野高等学校中退。その後、就労障害に悩まされ職を転々とし、三年前よりうつ病により生活保護を受給開始。現在に至る。ホームページアドレス＝http://www.simcommunity.com/sc/ts/yuka0725

❖限りない葛藤

私は性同一性障害（ＧＩＤ）です。しかしそれと同時にうつ病、就労障害の当事者です。そんな私が多くの人たちへ向けて何かを発信することが良いことなのか、悪いことなのかは正直わかりません。

私は今、生活保護を受給して何とか生きながらえています。これはうつ病と就労障害のためで、ＧＩＤとはあまり関わりはありません。

でも、正直言ってすごく生きるのが苦しいです。死にたくなることもあります。働いて自活することができない。勤労収入がなく、生活保護費ではジェンダークリニックにかかるのに必要な医療費を捻出することもできない（生活保護受給者は無料で病院を受診できますが、性同一性障害は一般医療の対象外のため全額自己負担、自費診療となるのです）。

したがってＧＩＤのガイドラインに乗ることもできず、いつまでたってもＧＩＤを克服することができない。

ＧＩＤと就労障害にはあまり関わりがないと書きました。私の知る限り、この二つが関連して併発している当事者の話を聞かないし、二つを関連させて捉え過ぎると、普通の性同一性障害、普通に働くことができて、ただ性同一性障害であるゆえに日常生活に支障をきたしている、といった当事者の方に申しわけない気がするからです。

けれど、本当に関わりがないのか。ただ単に二つの病気が偶発的に重なっただけなのか。私の心の中では複雑な思いがあります。

自分の中学高校時代は思えば不登校の繰り返しでした。小学生の頃は分け隔てなく、男女という性別の差もなく仲間として受け入れてくれていた、私にとって一番居心地のいい環境、女の子たちの仲間が思春期とともに体が男である私から遠ざかっていく。

何故？　どうして？　なんで今まで通りに当たり前につきあってくれないの？

そんな焦りにも似た絶望、理不尽な思い。性別としての自分の男を違和感として覚えることは少なかったけれど、確かに今から思えば、「本当は仲間、同じ存在である人々から孤立していく自分、女として女の子の中で日常を送りたいのにそれが不可能な現実」――これが私を学校から遠ざけた大きな理由なのです。女の子と仲間になれない、そしてもちろん第二次性徴を終え、だんだんと男になっていく男のクラスメートにも共感を覚えられない。

学校生活というのは、いずれ社会で自立する際にきちんとそこに適応できるように自分を慣らしていく、という要素も強いと思います。私は学校、学生生活という虚偽の自分、性別を強いられる現実にとても耐えられなかった。その延長線上に今、「就労障害」「働いて自活することができない」という自分があるんじゃないか？　無論、そこだけに話を集約させようなんて少しも考えていません。自分が働けないことをすべて性同一性障害の責任になすりつけて、自分を正当化しようとも思ってないです。

でも、私だって普通に生活したい。女性として自然に社会の中で働いた汗と現実の喜びを、ささやかながらもかみしめて生きていきたい。でも、「男の体」というどうしようもない事実がそれを入り口の段階でシャットアウトしてしまう。現実問題として男性器のついている人間を、社会は女性として認知してはくれないでしょう。正式に雇用して正社員として働いても大丈夫、なんて理想論は通用しないでしょう。技術があれば確かに大丈夫です。技術、能力を習得する精神力があれば社会に性別の差なく扱ってもらうのも可能なことだと思います。

でも、私は性同一性障害であると同時に他の精神病を併発しています。現在のGID治療のガイドライン第二版では、「うつ病などの精神科的合併症がある場合には、合併症の治療を優先し、適応力を生活上支障のないレベルに回復させる。すなわち、性同一性障害としての積極的治療に耐えられるレベルを達成できるようになるまで、性同一性障害としての治療を一時保留することも検討すべきである」とあります。確かに精神疾患を完治させることができれば、技術・資格を得てGIDの治療の第一歩である「自立し、経済的に生活できる基盤」をつくれるかもしれません。

しかし、もしGIDが原因でうつ病を発症しているのだったら？　実際、自分の男性器を見るたびに、女性として社会に完全には受け入れられていない現実を認識するたびに、そしてなによりも、女性の体を持っていないこと、それなのに自分の心がどうしようもなく女性であることに気づくたびに、私の心は確実にうつに入り込みます。私の現実認識と将来図と未来への希望はどす黒い絶望と拒否感につつまれます。

まず、私は性同一性障害を克服したい。そのうえで自分としてあるがままに普通の生活を送っていきたい。こうして書いていても私の心は二つに揺れ動くのを感じます。

「働けない」「でも、働いて性同一性障害の治療を受けたい」「でも、性同一性障害であるために働けない」「けれども何とかして自活したい」――限りない葛藤。相矛盾する二つの命題。「働けないためにＧＩＤを治せない」「ＧＩＤを治せないことが心の深い傷になって働くことができない」……。

「甘え」と言われると思います。自分は甘えているだけだとも思います。けれど、普通の人から見れば甘えとしか見えない状況でしか、私は生きることができません。そうした精神の力、心の性で生まれてしまったんです。通常の性同一性障害でさえ認知されづらい社会です。その中でも特殊な存在である私のような存在は、より理解されにくいものかもしれません。けれど、私のような状態でも病気（ＧＩＤ）を治して社会復帰できる希望がもてるように暖かい目で見つめてほしいな、と思う……。

❖手術のための貯金がしたい

高校時代、こんなことがありました。

その頃、男子生徒は必ず体育授業の一環として「柔道」を受けなければなりませんでした。男だけが柔道の授業を受けなければいけない。これが私にとってとても辛いことでした。私の心は男ではないのに、男という性別を強要され、自分を隠さなければならない。

校則にはそんな項目は存在しないのにも関わらず、「授業の妨げになる」という理由で爪を切らなければならなくなったこともあります。校則で髪を伸ばすのを禁じられていた当時、爪を伸ばすことが唯一、「自分のあるがまま」を主張する手段だった私にとって、「男としての授業」のために爪を切らねばならないというのはとてもできないことでした。そのうち、私は学校に行けなくなりました。

中学校時代と違って高校生には、「出席授業日数」という進級項目があります。他のことは我慢できても、「柔道」だけはどうしても出席することはできない。したがって絶対に体育の出席日数を埋めることはできない。そうした絶望から私はすべての授業を休み、退学に追い込まれました。

もし、学校側がこんな弱い私を認めてくれ、せめて体育の授業だけでも見学なり、せめて爪を伸ばすことを許していてくれたなら、私は弱いながらも何とか高校を卒業できて、もしその後、同じようにＧＩＤとうつ病に苦しむことになったとしても選択肢が広がっていたのではないか、と思います。

その後、私はいろいろなアルバイトをしながら辛うじて生活してきました。両親は子どもの時に離婚し、ただ一人残った母親も私が高校を中退した直後に蒸発してしまい、生活をいきなりすべて自分の収入で暮らさなければならなくなったからです。当然、自分の性別に対して深く考える余裕はなくなりました。生活するためにはどんな仕事でもやらなくてはならない。

しかし、私はどうしても男として働くことはできなかった。高校中退で何の資格も技術もない私に社会が許してくれる職業といえば、肉体労働しかありません。男を丸出しにして、男の持つ肉体を唯一の商売道具としながら、男だらけの職場の中で、もちろん自分も男として日々を消費しなければならない。たとえ生活のためとはいえ、私の心はその生活をどうしても受け入れてはくれませんでした。そんな偽った自分として暮らすのなら自殺したほうがましだとも思いました。

結果、私が選んだぎりぎりの選択は、人づきあい、人間関係が必要とされない、日雇いの交通量調査の現場調査員。肉体労働ではなく、男としての特性を求められることもない。なんとか最低限、死なないように選んだ仕事でしたが、この仕事、毎日あるわけではないし、すべての仕事をコンサートチケットを確保するように電話で早いもの勝ちで奪っていかねばならないので、当然運悪く電話がつながらなければあぶれることもありました。私が手にできる月収は月に五万円程度。

相変わらず自分の心の奥底には、「女という、本来あるがままの自分に戻りたい」という思いは枯れませんでしたが、月に五万の収入、しかもそれが安定した生活収入ではなく、すべてを毎日、競争して勝ち取らなければならない。そんな余裕のない生活では何の方法もなく、ただ死ぬのを待っているだけのような日々が一〇年続いたのです。

私が性同一性障害について考えることができるようになったのは、生活保護を受給するようになってからです。ぎりぎりのホームレス寸前の生きるための疾走から解放されて、今までの（月五万の）倍の収入を確保できるようになって、ようやく自分の性別に向き合うことができるようになりました。

今、私はジェンダークリニックには通っていませんが、自力でホルモン投与を行っています。行きつけの精神科の医師から性同一性障害の診断書ももらうことができました。数年前の自分から見れば夢のような現状ではあるのですが、それでも私の「性別違和感」はなくなることがありません。男性器が自分に存在するというどうしようもない現実。たとえホルモン投与を行うことができて、自分の体がある程度女性化した今でもその現実がある以上、苦しみは緩和されることはあってもなくなることはありません。

こんな状態の、うつ病で就労障害の私でも、何とかして性別適合手術を受けたい。今、生活保護受給者は預金を持つことは禁止されています。たとえそれが治療のためであっても所持金を翌月に繰り越すことは不可能です。

私には希望があります。それは、「性別適合手術を行う資金だけは預金させてほしい」ということです。現実的にこうした手術を行うには数十、あるいは百万単位のお金が必要です。この資金を毎月ほんの少しずつでも増やしていきたい。生活保護は最低ラインを保障するのに支給される金額なので、月一〇万程度しかありません。この金額を治療用資金として増額してほしいとは言いません。そんな自己中心的なことは言えない。だけど、この生活ぎりぎりの金額をさらに節約して、月に五千円でも一万円でも適合手術のために貯金したい。そのためなら今の最低限の生活をもう一段落として非人間的な生活を送ってもいいと思っています。

今の状態では働くこともできないし、そのために、「働けなくなる一因」であるＧＩＤを克服できない。働けない原因を働けない現状のおかげで変えることができない。悪循環がずっと続くんです。

かつて手術資金を何とか手にしたいと思い、危なげなネットワークビジネスに手を出したこともあります。一発逆転を夢見るしかない。普通に自分として（自分なりに）頑張るだけではいつまでもあるがままの私を取り戻せない。多少リスクはあっても危険なものに手を出さなければ手が届かない。そう思ったから。

でも、いろいろ苦しいことはあるけど、今なんとか幸せです。同じ境遇の友達もいる。苦しみをわかちあうことができる。そして、まわりの友達は私を女の子として見てくれる。それはとても幸せなことです。ホルモンを投与してから、町中を女の子として歩いても奇異な視線を浴びるようなつらさもなくなりました。

今、私は仕事こそできていませんが、精神科のデイケアなど他の部分では、二四時間、女の子として生活できています。それは今までと比べると幸せだけど、それでも男性器がついていることがものすごく辛いのです。

もう紙幅がないですね。もっともっといろんな自分のことを書きたかったですけど、とても書きれそうにありません。K大学で「性別未熟」と言われ、耐えきれなくなってO大医学部へ転院したら性同一性障害と認められたこと。はじめてホルモン投与を行った感激、その後の自分の変化。六カ月間行ったホームレスのこと。数多くの自殺未遂。初めて短期アルバイト先でカミングアウトしたら、女の子は優しかったけど、男の人には冷たくされた悲しみ。……

書きたいことはたくさんあります。きっと私のような社会的弱者の生活を見て勇気づけられる人もいるかもしれません。

生活保護でも、うつ病でも、GIDでも、私はまだ生きています。そのぎりぎりで生きている姿を知ることで、他の人に「自分は幸せだな」と思ってもらえる内容を、また書こうと思います。

いつの日か、私の存在をより詳しく書き残せることを夢見て、今はここで筆をおくことにします。

手記

立ちションできたら乾杯

渡辺匡代　FTM

わたなべ・まさよ。実家の厨房で遊んだ料理好き。味噌やキムチも手作りする。仕事の都合で無理だが、ホントは無精髭を生やして年上に見られたい。国内外旅先での市場巡りを欠かさず、いずれは市場で働く予定。とにかく元気。

❖男の証が欲しかった

振り返るのも楽じゃないが、思い出そう。

東京にもハス田があった頃、子どもだった私は男の子を引き回し、ザリガニ釣りやケンカの日々を過ごしていた。一応は女の子とままごともしたが、やっぱり私は父や兄などの男役を選ぶ子だった。

小学校前まで、風呂がない借家住まいだったので、家族がやっていた自営の店が終わると銭湯に行かされた。そこで、父と入る男湯の皆にはあるのに、自分の身体にないモノに気が付いた。

自分にないペニスが気になるから、隙あらば父や男の子のに触れていたが、見つけた保母さんに怒られ、止められてしまった。子どもは成長の過程で、身近な同性の仕草や行動をまねて育つものだ。私も、立ちションを試みては失敗ばかりしていた。

結局、自分にないのはわかったが、いずれ生える、と頭から信じていた。何しろ、後にジェンダークリニック（以後Gクリ）の精神科医から、体の検査結果を聞く直前まで「たぶんチンコが腹の中にある」と考えていた私だ。こんなだからスカートは拒否するし、自分で選んだ黒ランドセルで通学していた。それに対して、「女の子は○○でなきゃ」と決めつける母の態度が、私を長年苦しめ続けた。「男の僕に、何でそんなことを言うんだ？」。言われることに納得できないから、実家での生活は衝突の繰り返しだった。黒ランドセルを背負う女の子は小学校でも有名人で、「何で？」「男オンナ」と囃《はや》し立てる悪ガキがいつもまわりで賑やかだった。

初恋は入学後すぐ、登校班長のお姉さんにした。私の年上好きはこの頃からだろう。ただ共学では自分がオンナに分けられるし、それで何となく、女の人を好きと言うのはマズいな、と感じた。幼い頃から母の顔色をうかがい続けたこともあって、自分の本性を隠すために人の心を探る直感は冴えていたのだ。練習していた立ちションを「男の子のすることだよ」と言われ、〈何かが違う。自分を出すのは控えよう〉と、本心を隠す術を覚え始めたのもこの時期だ。

我が家には両親と四つ下の妹がいるが、母はいつも怒鳴り、私の尻を叩いていた。

私は七歳の時、虫垂炎手術を受けた。夜中に腹痛で目が覚め、まずトイレを往復したが痛みは増すばかり。脂汗を流しながらこわごわと母を起こし、自分の窮状を訴えると、母は「そんなの放っときなさい」。そのうち嘔吐して、父が介抱してくれた。正露丸をくれた父が離れた隙に、母は私の側へ来ると、「あんたなんか言うこと聞かないからこうなるのよ。死ぬんだから」と言う。死……？　これ以来、人の生き様や死に興味を惹かれるようになる。おかげで医学を学び、その関連の職に就いたし、死を理解すると、「いずれ死ぬなら、精いっぱい今を生きよう」と楽観主義で前向きの性格になれた。

後に、私の日記や私信の類を盗み見た夫が私の本性を知り、それが親に知られてから初めて実家を訪れた時、母は労《いたわ》りの言葉をかけて肩に触れてきた。「あなたを小さい時に抱き締めてあげなかったわね」。戸惑い、過分な優しさが恐ろしくて、手を振り払った。

カミングアウト以後は慣れてきたが、私にとって母は、精神的苦痛を与えてくる根本的に信じられない存在だった。

父はあこがれと尊敬の対象だ。調理場で働くその後を私はついて回っていた。

物心つくと、早く大人になって毛もじゃになりたいと思った。剃れば濃くなると聞けば手足や口のまわりを剃り続けた。声も早く低くしたいから、剣道の稽古で人の倍、声を出して喉を潰した。小学生の女の子が、枯れ声で話すのも今思えば痛々しい。焦るように身体を鍛えたのにしても、男になるハズの確かな証しが欲しかったからだ。

それなのに、胸が膨らんでくる。焦って、愛読書『家庭の医学』にある、男でも胸が大きくなる症状――自分もそれと思いこむ。お決まりの初潮教育では、好きな女の子と同じ女子に分類されている自分が恥ずかしくてたまらない。男になる証が欲しいのに、自分の体の中の女がベロリと牙を向けて来る。

中学受験を控えた六年の夏、初潮が訪れた。私は心底打ちのめされ、母は勝ち誇ったように、「ほら、やっぱり胸があるし、女の子はスカート履かなきゃ」「嫌だ」「どうして?」「……」、悔しいが説明できない。

こんな具合で、私を女にしつけたい母に殺意を抱いたこともあり、家族と故郷東京も嫌で、独り逃げ出す機会を始終考えていた。私が塾通いまでして中学受験をしたのは、好きな子が私立受験をするからまねしたいのや、どうせ履かされるスカートなら、遠くの私立へ通えば知り合いに見られずに済む、という単純な下心からだ。

そして中学一年の秋に観た番組が、それ以降の私の生き方を方向付けた。毎晩一〇時から始まるニュースで、あの晩の特集は米国の性転換事情。手術の様子も放送された。凄げェ! 僕も受けたい! 知識のみだった治療やその成果を目の当たりにし、興奮でその晩は寝つけなかった。

千葉の女子校へ六年通って部活ばかりしていた。女の子に恋もしたが、男だからレズビアンとは思われたくない。それで互いの距離を曖昧なまま、付き合いをしていた。何か釈然としない気分もあったし、「どうせ報われないなら生き方を変えよう、東京を出て女として生きるか」――そう決心した。

進学で家を出る前、「もし僕が男だったらと思った？」と父に尋ねたことがある。「今は違う」と前置きすると、「それでも男だったらな」。これで吹っ切れた気がした。

高卒後は家から離れたい一心で、新聞奨学生をして専門学校へ通っていた。

ここで一年生の後期に指圧実技授業が始まり、講師が教室に入ってきた姿を見た瞬間、そのオーラへ引き寄せられるように惚れてしまった。もちろん、治療家としても一流で翌日には弟子入りを申し入れ、数年の修行を積ませていただくことになった。

この師匠は男性だが、私は性別かまわず人に惚れてしまうことが多々ある。性愛の対象とは全く別の感情で、その人を尊敬し好きでたまらなくなるのだ。

東京を離れて女になろうと頑張ったし、いろいろな男と寝ることも〈自分を女に縛る〉麻薬のようなものだった。だが、数年して突然嫌になるとセックスレスになってしまった。

❖呪縛からの解放

性転換事情を観て米国へも目が向いていたし、海外で働くのは夢でもあった。

青年海外協力隊の二次試験を突破。訓練所生活を経て、任国インドネシアへ同期の五名と出発したのは二四歳の冬だった。私の任期中は、アジアを襲った通貨危機が社会情勢を不安定に至らしめ、暴動も頻繁に起こった。食料を巡っての殺人や横領は日常で、「この先は食料を自分で作る時代だ」――そう思い、日本で農業に関わることにした。

帰国するや、高原野菜の栽培収穫をする農家に入り、翌年まで働く。お陰で体力も回復したので永住地探しの旅に出た。各地を放浪していたが、しまなみ海道を歩いていて、瀬戸内海の景観に惚れ込んでしまった。ある島のフェリー乗り場で会った婦人にその話をしているうち、「ウチ来れば」となった。そんなわけで、大阪出身の奥様と広島で被爆した親父さん夫婦の所で居候を始めた。

親父さんの畑を耕し、その人脈で指圧の治療院を開院し、島の人になることができた。おまけに、親父さんの紹介で結婚までしてしまった。「結婚すれば吹っ切れるか？」と漠然と考えただけで見合いをした。今思えば、結婚で心まで女になり切ろうとしたのかもしれない。ただ、結婚前から彼との生活に無理を感じていた。性格は合わないし、「嫁さん」――そう呼ばれることに違和感を感じる。だがなぜそう思うのかまでは気づかなかった。早々に陥った家庭内離婚、夫の強姦、周囲へ演じる妻の顔……諸々が入り交じり、あの頃を思い出すのは吐き気がする。

本性が復活する初めのキッカケは、結婚後すぐ受けた骨髄提供オペだった。術後、私は動き回る女性看護師の後ろ姿を目で追い、服の下にある彼女たちの身体の線を想像していた。今まで抑えてきたのに、再び男として欲情する自分に気づき焦った。全身麻酔で脳のバランスが崩れ、本性を抑圧する理性がブッ飛んだとしか思えない。

別の私が出てくるような不安を抱え、年を越す。町の図書室で『ある性転換者の記録』（青弓社）を見つけたのは決定打だった。読むうちに「そうだ、俺、自分を男と思っていたんだ」——突然全てを思い出した。貯金や自分の行動全てが性転換のためだった。その決意がそれこそ怒濤のように蘇った。ただ、社会的関係にドップリ漬かっていた以上、そのまま実行はできない。家庭内別居を続ける精神状態も厳しい毎日だった。薬嫌いの私が睡眠薬を飲むかと考えるくらい、精神的に参った。それで、本性が目覚めるキッカケになった本の著者、虎井まさ衛氏と連絡を取り、近場のGクリを教えてもらった。

二八歳の五月、Gクリの精神科初受診。プロとはいえ、生まれて初めて本性をさらけ出して聴いてもらえた。感動やら、それまで続いた緊張がほぐれたのかもしれないこともあり、途中から涙が止まらなくなってしまった。

青年海外協力隊の合格祈願でしたのと同じく、ＦＴＭを自覚して治療を決めた時から禁酒を始めた。結婚前後は、現実を忘れるための半アル中状態で楽しい酒でなかった。今後は酒に頼らず切り抜ける精神力を持ちたかったからである。

いろいろと努力の結果、離婚の手続きもうまくいき、東京へ戻った。脱出の開放感に浸るより現実へ自分を投げ込もうと、一週間後には飲食店で働き始めた。だが、履歴書の性別欄を未記入で出したのに女性として採用されてしまった。

もともと医者や薬が嫌いだが、相手が良かったのか、精神科医には相当安心感がある。東京から西日本へのGクリ通いは続いた。私のホルモン注射開始が倫理委員会で許可されたと担当医から電話があった時は、審議にあがる患者数が多いので今回は難しいと聞いていただけに、喜びと同時に驚きだった。

ホルモン療法が始まり胸の手術も終わらせ、ひと区切りが付いた頃には、私がカミングアウトに利用した『3年B組金八先生』のドラマも終わっていた。

カミングアウトの切り出し方は深刻な問題だ。私の場合、タイミングよく離婚前に『3年B組金八先生』の放映が始まり、「ドラマに出てくる性同一性障害に苦しむ転校生の『少年』と俺が同じなんだよ」と、メールを通じて友人へのカミングアウトがずいぶん進んだ。

学生の妹へ送金したら、「うれしいけど、これは治療のためにとっておいてね」と賛成・応援の姿勢だ。つい自分を責め、家族からの反応も怒鳴るか殴られるか、勘当も覚悟していただけに、そんな予想外の態度には戸惑った。

だが、女性で採用されて数カ月経つ職場へは言い出せなくなっていた。グズグズしていると、二本目のホルモン注射からすぐ変声期に入った。それを同僚のOさんが、「あんた調子悪いの？声が変ね。風邪？」と心配してくれる。言うのは今しかない！

その日の仕事の後、急きょOさんをお茶に誘った。何も考えず誘ってしまったから、心構えもゼロ、頭の中真っ白のパニック状態だった。長く迷った末、「男子更衣室に移りたい」の話から切り出した。その間、隣に座るOさんの表情はわからないし、話すうち、「生まれた時どっちかわからなくて、親が女にして……」。まるで半陰陽そのものであるかのような説明になったが、心臓が飛び出しそうな緊張で言い直す余裕もない。一応、「勝手に決められた性別と、自分の意識とか頭の中は全然違うんス！　変えられないんです」と重要な点は言えた。

初めからなら〈かわいい男の子〉で済んだ。系列店の皆が着替えるここで、すっかり顔が知れた今から移れば偏見もあるだろうし、新天地でやり直しては？……そうOさんは諭す。さすが主婦、大して驚きもせず、「私は何となく気づいていた。やることとあんたは男だし、履歴書や契約書も性別に○しなかったもの」と言う。

その翌日、今度はOさんから誘われた。「この先の人生で、あなたは偏見や壁にたくさんぶつかって嫌な思いをするかもしれないでしょ。どうせ同じ壁なら、慣れたここで頑張ったら」。一晩考えてくれたらしい。「今まで自分のことから逃げ続けたのが嫌だから逃げたくない」と言えば、Oさんは「店をやめるのも逃げ」と図星を指摘する。本当は店が大好きで、できたら性別適合手術まで働きたかった。それでもう腹を決め、家族との葛藤や離婚の話までした。「いずれ何か問題が出た時はフォローをお願いします」、こんな相談をして共同戦線を張ることになった。

友達の場合、初め驚くが、「どっちでもあんたは匡代だし、それでいいじゃん」と、悩んだのがアホらしくなるくらいあっさりしていて、男女ともに昔と同じように遊んでいる。

公的書類、治療や金銭はもちろん悩みだが、なによりも周囲との人間関係次第で当事者の精神状態は変わるし、支えがあれば心強い。全ての人にカミングアウトするのは無理でも、自分の中で素直にＦＴＭと認められるし、バイセクシュアルの性的指向もそれでいいと思えるようになった。気のおけない友達と、自分も恋の対象も偽らず大っぴらに話せるのは本当に気楽だ。何とか自分を女として社会へ適応させようといろいろな回り道もしたが、振り返ればＦＴＭを確認する布石にすぎない。人生あらゆる経験が自分の肥やしになるものだ。

仲人の言った「結婚して苦労続きだったけど、今（五〇代）になって一息ついて、最後に良かったと思えれば、その人生は十分」と。私もいつかそう思いたいし、別れた夫へ書いた最後の手紙「幸せに生きます」にあるように、精いっぱいそう生きるつもりだ。

さて、今も禁酒を続行中、立ちションできる体になったら解禁だが、その一杯は誰と呑もうか？今から楽しみだ。

手記

ペニスがないだけで俺の人生棒にふってたまるか

伊東聰　FTM、

いとう・さとし。一九七四年山口県下関市生まれ、岡山育ち。早稲田大学教育学部卒。現在某大学院生兼コンピューター技術者。神出鬼没に日本各地に現れるのが趣味で、中東世界を愛し、「身体」「科学技術」に関心あり。

「男であることが自然でありたい」。幼い心の常に抱きつづけた想いであった。「ほかの男が男で自分らしく生きているように、さとしも男で自分らしくありたい」。けれども、自分が思っている自分と他人が思っている自分が一致しない。自分らしさが人に伝わらない。さとしの青年時代は「自己認識と他者認識の一致」の獲得についやされた。高校で書いた小論文、中学の時の弁論大会、いずれもテーマは「自分＝アイデンティティ」。

人は自分の肉体が接触する環境から自由になれない。アイデンティティは一人で形成することはできない。他者からの働きかけも必要なのだ。肉体の性で教育的働きを行う周囲の人間と自分のアイデンティティを守ろうと必死で抵抗したさとし。そう、さとしは女性の肉体をもちながら、男性であると感じているトランスセクシュアル、そして聴覚障害者。「自分」を伝えるのが困難な肉体をもって生まれてきたのだ。

伊東聰ことさとしの誕生予定日は七月七日であった。ところがその日にさとしは出てこなかった。羊水が汚れていて、「これは危険だ」と判断した医師が人工分娩《ぶんべん》にふみきった。こうして三週間遅れの早朝、さとしは生をうけた。さとしの様子を「おかしい」と感じた看護婦が医師をよんだ。重度の黄疸《おうだん》であった。脳障害が残る可能性があった。しかし、さとしは奇跡的に助かった。

さとしが人生で最初にショックをうけたのは四歳のときである。アニメや大人たちの話から、「自分の身体が女の子であるが心は男の子であること」、そして「世の中の男の子と女の子でルールが違うこと」を知ったのである。さらに幼稚園での生活で生来から負けず嫌いのリーダー志向のさとしが「自分らしさ」を全く発揮できなかったのである。やがていじめの対象にもなり、心を閉ざして戦争やいじめをテーマにした絵ばかり描くようになる。

先生は最初自閉症だと思ったという。しかし、「難聴の可能性があるので調べてもらえますか」、先生はそう両親につげた。聴力は三〇デシベル欠損、平均して六二デシベル、普通の六〇~七〇%であった。そのときから両親の苦労が始まった。下関の聾唖《ろうあ》学校で難聴が判明したとき、あきらかに言語訓練は遅れていた。難聴者のための学校は当時全国で二校、岡山と長崎だけにしか存在しなかった。両親は一大決心をして岡山に移り住んだ。生まれてはじめて補聴器をつけた。

「難聴の象徴である補聴器の存在」がさとしの自己喪失感を強くした。男性としての肉体もない。そのうえ「耳が聞こえない子」とされてしまっては救いようがない。なんとかしてやめさせないと、と思った。「弱い子」にされたくなかった。「女の子」にされたくなかった。「守られる人間」になりたくなかった。

❖「普通の女の子」になるための授業

小学校三年生から、一九八〇年の「障害者年」をうけて普通学級で授業を受けることになった。「障害者と健常者の共生」のはじめての試みであり、障害者別学が当たり前だった当時としては画期的なことであった。しかし、大多数の子どもたちにとって、難聴者であるさとしは「保護される存在」であり、「難聴学級からきたお客様」でしかなかった。すすんで学級の役割をやりたがるさとしを快く思うはずがなかった。「生意気な難聴者」、それが健常者である子どもたちの共通意識であった。

そんな学校生活の不適応に苦しんでいたさとしに大事件が起こった。さとしは「男性の長髪好き」であった。肉体の変化がなかったことと世間の「長髪＝女性」というイメージに隠れて性別違和感は表に出なかった。誰も知らない公園で一人「男としての自分」で遊んだ。肩下までのばした黒髪はさとしのお気に入りだった。両親がいないときは鏡の前で上半身裸になって、武術家のようにポーズをつける。ささやかな自己満足であった。

ところがある日、母は「髪を切ろう」といった。「そろえるだけなら」と承諾したら、これがわなだったのだ。母の目的は「長い髪で補聴器が隠れないように、ショートカットにすること」だったのだ。騒ぎをききつけた父も仲裁に入ったが、時すでに遅く、さとしの髪は「短髪」にされていた。たとえ親子という血のつながりがあろうと「信頼関係を失うのは一瞬」である。まず母の言葉をまったく聞かなくなった。母のいうことなすことがすべて信用できなくなった。「自分のため」という大人の言葉が信じられなくなった。

自分の望まぬアイデンティティを押しつけられ、言葉も外見さえも奪われた人間に、どうしてまわりの人間への信頼が生まれるであろうか。けんかをして「耳が聞こえないくせに」と言い捨てた友人の目の前で補聴器を床にたたきつけた。数カ月たたないうちに学校で問題児になってしまった。

ちょうどその頃、父の念願の研究職が決まった。父は単身赴任を考えた。それに反対したのは当時の恩師であった。「他の子は母親が育てられる。でもこの子の場合は父親でないと育たないのです。もしもあなたが東京にいかれたら、この子の教育はだめになりますよ」。父は結局、研究者の道をあきらめて他の職場に転職したのだ。思えば恩師の判断は正しかったけれど当時は、その事実もさとしの心に暗い影を落とした。自分の存在が父の人生まで変えてしまっている。ましてそんなところに「心が男」だということになれば、もっと未曾有の悲劇が伊東家をおそうかもしれない。その悲劇を防ぐには「さとしが理想の娘にならねばならない」。そう考えた。

女の友人たちにさとしは、「女の子はどのようなものを好み、どんな話をするのか」ということを教えてもらった。雑誌、洋服、テレビ番組。異性同志は立ち話で「恋愛関係」とみなされる風潮のなかで、難聴者の学校生活には「同性であるはず」の女の子に気に入られることが最優先であり、生命線であった。女の子が好む「丸字」や「漫画字」、ファッション、少女雑誌、女の子の話題についていけるようにした。学校の授業が終わったあと、「普通の女の子」になるための授業があったようなものである。

そこまで努力してもさとしのいじめ地獄は終わらなかった。「自分らしくいていいんだよ」。そんなさとしを心配して見守っていた別の友人たちは、すでにさとしの違和感を見ぬいていた。その言葉を境に「女性」を演じた三年間は終わりをつげた。小学校の卒業式の前であった。

そしてその年から中学生活が始まった。第二次性徴も始まった。ところが「心が女性化しなかった」。さとしの心はパニックを起こした。「第二次性徴は心も女になるんじゃないのか」――心も女になれば苦しみは終わると考えていたのに、いつまでたっても女性を「同性」と感じなかった。母は年相応の娘として教育する時期だと考え、服装や振る舞いに口を出してきた。心と体が一致していない。それを克服する方法は「自分らしく」生きること。それなのに母と学校は「自分らしさ」を奪おうとする。そしてつらかったのは学校での「ダブルスタンダード」。「きれいになりたい男の子」の存在を許さない学校と自分が「女の子」として扱われている事実。そのため「きれいになりたい男の子」の「痛みを共有」できない。そういう自分が許せなかった。

「男」であるはずの自分の現実におかれている状況の矛盾が苦しかった。孤独だった。だから、母に怒りをぶつけた。「『女』として育てたいなら、子どものときになぜ『男の子』の格好をさせたんだ」。「強制断髪事件」が心の傷になっていた。さらに「女性の感性に共感がもてず、理解できない」ことも傷になっていた。「難聴者を男装させたために男の心になってしまった」。本気でそう思っていた。そう思わないとやりきれなかった。

❖挫折と手術の決意

最初のカミングアウトが一二歳のときだった。「性転換手術をうけたいのか」と聞かれて返答できなかった。性同一性障害が知られていなかった時代であった。世間では手術は「趣味だ」と考えていた。だから当時は「自分が苦しいから」と親からもらった体にメスを入れることは倫理的に許されないと信じていた。最大の親不孝だと思った。しかし、トランスジェンダーという言葉は知らなくとも生き方は知っていた。九歳のときに知った古代エジプトのＦＴＭファラオ、ハトシェプストの影響である。長い黒髪とアイシャドウの男性というファンタジーが好きなさとしは古代エジプトの中性的な文化にひかれていた。ハトシェプストのことはその興味の中で知ったのだ。数千年前にそういう生き方をした人間がいるのなら、「現代でも体が女性でも男として生きる方法があるはずだ。それを探そう」――ハトシェプストの前例が心のささえであった。

「ペニスがないだけで俺の人生棒にふってたまるか」――つまり身体障害と同じに考えたのである。現実のさとしは女性の制服を着ている女生徒でしかなかった。けれども、心の中は学ラン、男子の制服で学校に通っていた。さとしの中学時代は空想の世界が中心であった。そのころの思い出にあまりいい記憶はない。

しかし、さとしは登校拒否も非行もなかった。当時は学歴社会であった。「難聴で心が男性」という人間は、世間がまともな人間として扱ってくれない。並みの努力では人間として生きることができない。今の学校制度では「自分を男として普通の人間としてみてくれる」ことは難しい。聞けば、岡山には「制服のない進学校」はなかった。重要な選択基準は「女性としての人生の痕跡が一切残らない」「長髪の男性が許されて、自分のやることに口をはさまない」名の知れた進学校をめざすことであった。

自分が女の格好をしなければ、大学は男で通える。そして漫画家になる。自由業であれば女として扱われる心配はない。「長髪の男性」でも大丈夫。障害者であるかどうかも関係ない。ＯＬのあのタイトスカートの制服を着なくてもすむし、障害ゆえに出世できず、同期の男性社員に追い越されてくやしい思いをしなくてすむ。そして自分の人生は漫画で表現すればいい。そして漫画を通して社会を変えていこう。それが「体にメスを入れないで男性として生きる生き方」、トランスジェンダーとしてのさとしの人生設計であった。

高校は一校しか受験せず、合格後、応援団と漫画研究会、同人誌活動に没頭した。「女性の体をもつ男性の人生」と「きれいな男性の人生」を模索して、メンズリブにも興味をもった。

一年の浪人生活を経て、大学に合格した。大学では歴史学を専攻し、古代エジプトの歴史や中東地域のことを調べ始めた。「中東地域で研究生活をおくりたい」という気持ちが強まった。アルバイトの面接に男性のスーツを着ていった。念願の研究機関の手伝いとして採用された。大学の授業のかたわら、漫画研究会の活動や投稿、家庭教師など精力的に動いた。漫画研究会の幹事長をやり、難聴の障害を克服し、リーダーシップに障害の有無は関係ないと証明することができた。

ところが幹事長としての責務のなかで「女性の肉体を持つ人間で自分だけが心が男である」ことを知った。重度の聴覚障害をもつ人間でも性別違和感をもつ人はいない。仕事を頼む時に無意識に相手の性にあわせて態度を変えている自分がいた。そして彼女たちはそれを当たり前のこととして受け入れている。自分が彼女たちの立場であったら、苦しいはずなのに。そして、「漫研中で最も男らしい三人の中の一人」と言われたさとしを、実は誰一人として「自然な男性」として扱ってくれていないことに気づいた。

住んでいた父の実家でも「良いお嬢様」に育てようとする祖父母と、「自立した一人の男」をめざして自己鍛錬をするさとし、両者の将来設計の意図はかみあうはずがなかった。心労と精神的苦痛で喘息の再発。白血球の異常数値。タフガイであったさとしの心身はこわれていった。鬱状態になり、寝込む日々がつづいた。漫画家業もプロ寸前になって性別違和が原因で挫折した。埼玉医大の答申はそのときであった。

二二歳、生きるために二度目のカミングアウトをした。父にそして大学で親友だった男友達に。「自分は男の心をもっているのだ」と。性同一性障害を伝えた男友達は、「恋人としてつきあってほしい」と告白してきた。最初は戸惑った。けれども、さとしにとって「同性愛」はタブーでなかった。「男である」と知ったうえでのつきあいなので、男とＦＴＭのカップルも成立すると信じた。ところが半年後、「ＦＴＭは男なんだとわかった。俺は男として女に愛されたい」。別れの理由として告げられたこの心ない言葉は、さとしの「女性として人生の痕跡を残さない」二三年の努力を皆無にしてしまった。自殺まで考えた。この経験が心的外傷になった。

「女性の肉体であるために、男の心をもちながら男として生きられないことがある」という現実を知った。死を考えたその瞬間、さとしの手術への倫理的葛藤は消えた。「手術は生きるための必要悪だ。女性の肉体で苦しむよりも、苦しんでいるその時間でほかのことを考えよう」「トランスジェンダーでとどまるか、トランスセクシュアルとして治療をうけるか」――真剣に考えた。

中東地域のトランスジェンダーの事情も調べた。そして知った。トランスジェンダーが「心の性」で生きるためには、当事者だけでなく、周囲の人もジェンダーへの柔軟な思考をもっている文化圏にとどまるか、そうでない場合、ＴＰＯで性別を使い分けられるほど症状が軽くないといけない。逆にいえば、理解者にかこまれた小さな社会であれば、トランスジェンダーとしての生き方は可能である。ところがすべての文化がトランスジェンダーを「心の性」で認知しているわけではない。

中東地域では宗教的な事情でトランスセクシュアルに寛大でもトランスジェンダーにはきびしい環境である国が多い。場所によっては「犯罪」である。「肉体が女性である」ことが命にかかわる場合がある。わずかでも女性というアイデンティティを持っていないさとしにとって、「女性の肉体」を持ちつづけることは失うものこそ多いけれど、得るものはまったくなかった。手術を決意した。それから一年の精神療法を経てホルモン療法を始めた。

二〇〇二年でさとしは二八歳になる。大学院二回生でコンピューターのシステム関係の仕事をしている。日常生活をすべて男性で生活して三年になる。さとしが「五体満足だったら生きていたであろう人生」をどこまで現実にできるか、と思考してつくり上げた生活である。長髪が許されて、将来研究者になったときも研究に役に立つ仕事、と具体的に条件をあげて消去法で選択したらコンピューター業界が残った。独学で勉強して就職した。ほかの男性よりも人生のスタートは三年遅れたが、生きている実感がある。

同性愛、トランスジェンダー、トランスセクシュアル。自分のアイデンティティは自分自身がよく知っている。ただ、社会の風潮に惑わされてわからなくなるのだろう。さとしは一人で戦ったように見えて実は一人ぼっちではなかった。危機に瀕したとき必ず助けてくれた他人の存在があった。人が何かを配慮してくれてさとしは生きられたのではない。さとしを「生」へとつなぎとめたのは、「将来、男性の肉体で男性として生きている強いイメージと確信」である。「障害者は弱者だ」「女性の肉体をもつ者は男性として生きられない」と言われたら、自分の命で「存在証明」すればいい。それは百の常識よりも千の理論よりも強い証明になる。

手記

我が子にもらった多くの出会いに感謝！

寺嶋　佳代

てらしま・かよ。一九六三年生まれ。性同一性障害（ＦＴＭ）を抱える子どもと、どうしたら一番良い人生を送れるかを考えている普通の主婦。同じ悩みを持つ親御さんたちと力を合わせて子どもたちを守っていければと思っている。

私は一五歳のＦＴＭの子どもをもつ母親です。彼は中学に入学するまで、四人きょうだいの一番上で一人娘でした。

幼稚園の頃からズボンばかりはいて、小学校入学後もスカートやフリルの付いた服を嫌っていました。小学校の高学年になって二、三度「男の子になりたい」という言葉は聞いていたのですが、下に三人の弟がいるので、同じになりたいのかなと思ったくらいでした。

小さい頃はとても活発だったのに、大きくなるにしたがって人との付き合い方がヘタになっていくような気がしていました。本人も「自分は何か他の人とは違う」と言っていたのですが、中学に入学してスカートをはいたことで、はっきりした気持ちになったようです。性別違和感が強く、とても辛く苦しい日々が続いた三年間でした。どうしたら彼が明るく生きられるのかを考えながら過ごしてきたのです。そんなＦＴＭの子の中学生活を話してみたいと思います。

中学一年の六月、子どもから「男になりたいんだ」と告白されました。学校へ行けなくなって二週間が経っていました。何を悩んで苦しんでいるのかわからない時だったので、その言葉を聞いて原因がわかると同時に、これまでどんなに苦しかったのだろうと思うとかわいそうでなりませんでした。病院へ行くと、「この子は女の子として生きていくのが死ぬほど辛いんですよ」と言われました。私の頭の中には「性同一性障害」という言葉がありました。先生にうかがうと、おそらくそうだろうということでした。先生から「あなたはおかしくなんかないんだよ」と言われ、自分を認めてくれる人がいたことで、本当の自分を確認できたようです。良い先生に出会えてとても喜んでいました。

その後しばらくの間、彼はひどいうつ状態に陥ることになります。そして、次々に自分の気持ちをぶつけてくるようになったのです。「女で生きるなんて絶対できない」「こんな胸や子宮なんていらない、早く取って」「治療を受けたい、二〇歳までなんか待てない。その前に死ぬよ」「なんで自分だけこんな思いをしなきゃいけないんだ」「辛い、殺してくれ」と、自分の体をたたいたり、道路に寝転がっていたり、意味不明なことを口走ったりの毎日です。おかしくなってしまうのではないか、自殺するのではないかと、とても恐ろしい思いをしました。

それでも、気持ちを吐き出すことでちょっとずつではありますが、元気になっていくのがわかりました。三歩進んで二歩下がるように、落ち込むことはしょっちゅうでしたが、それでも少しずつ現実を受け入れ、ほんとうに少しずつ強くなっていきました。

病院では、「生きていればいいと思ってください」とまで言われましたが、自分から学校へ行きたいと言い出しました。驚くことに学校は、すばらしく寛容でした。スラックスの着用を認めてくださり、性同一性障害を理解しようと努力してくださいました。その細やかな対応には、こちらが申しわけなさを感じるほどだったのです。

しかし本人はというと、対人恐怖症になり、教室で授業を受けることができなくなっていました。人が自分をどんなふうに見るのかを異常なまでに気にしていました。ですから、一人で道を歩くこともできず、私が学校の相談室まで付き添う日々が始まったのです。とにかく、親も学校も初めてのケースで、どのように対処していいかわからず、手探りで進むしかありませんでした。

❖改名までの道のり

二年生に進級した時、性同一性障害を公表していただくことになりました。廊下で友達から「○○ちゃん」と呼ばれるたびに、こぶしを握りしめて怒りを抑えていると聞いた時、友達のためにも我が子のためにも公表したほうが良いと思ったのです。先生方は心配もされましたが、本人も了承し踏み切りました。母親の私から、生徒の皆さんへ宛てた手紙を先生に読んでいただくという形で、二年生の学年集会で公表しました。障害の説明、どんなふうに苦しんでいるのかということ、そして新しい名前で呼んでほしいことなどを伝えました。初めは好奇心で覗きにくる子もいて恐い思いもしたそうですが、学校側の配慮ですぐに落ち着きました。友達は「そんなに辛い思いをしていたのに知らなくてごめんね」と声をかけてくれたりしたそうです。

名前については以前から再三にわたり、男の子の名前を考えてくれと言われていたので、まだ中一だった二月頃から新しい名前を使い始めていました。二年生になると学校では、その名前で出席簿やゴム印、名札を作ってくださいました。身のまわりではこうして、子どもを傷つけないようにと最善の努力をしてくださいましたが、どんなに頑張っても正式な書類に使うことはできません。一番の問題は病院へ行った時です。診察の呼び出しや会計の際に、おおぜい人のいる中で女の子の名前で呼ばれるのは耐え難い苦痛でした。耳をふさいで頭を振りながらこらえていました。

初めにかかった病院では配慮をしてくださり、新しい名前で呼び出してくれましたが、大きな病院へ行くとそのたびに看護婦さんも変わっていて、こちらの願いは通じません。名前を呼ばれても返事もしない、立ち上がることもできませんでした。病院へ行くたび、「わがままを言うな」「これが現実なんだ」「強くなるしかないんだ」と言いきかせ続け、いつも子どもと険悪な状態になっていたのです。

そんな状況の中、当事者の自助グループ「TSとTGを支える人々の会」で、改名についての情報を得ることができました。その時点では、性同一性障害を理由に未成年者が改名を認められた事例はほとんどないとうかがいました。カウンセラーの先生も「まだ子どもだから気持ちが変わるかもしれない。申し立ては早いだろう」とおっしゃいました。しかし、家に戻れば身の置き所がないほど苦しんでいる子がいて、改名を強く望んでいます。ですから、ダメもとでやってみようということになったのです。

中一の三月に申し立てをしました。同時に親戚一同に手紙で、障害のこと、その時点での様子、改名の申し立てをすること、会った時には新しい名前で呼んでほしいという願いなどを伝えました。

家庭裁判所では二人の調査官が担当してくださり、何度となく通うことになりました。本人にとっては話したくないようなこともずいぶん聞かれたようです。家裁へ向かう足取りはいつも重く、やはり険悪なムードで歩く親子でした。当時は一三歳でしたから、やはり将来において気持ちが変わることを心配されているようでした。

診断書をいただくために、地元の大学病院で改めていくつかの検査を受けました。埼玉医大へも行きました。父親も家裁へ呼ばれるたびに改名を認めてやってほしいと訴え続けました。そうして一年が過ぎようとした頃、ついに改名が認められたのです。関わった皆さんが本当に喜んでくださいました。

　正式に名前が変わったおかげで、彼の苦痛をだいぶ減らすことができました。それでもまだ性別の問題が残っているので、新しく病院へかかるたびに障害のことを伝え、男の子として接してあげてほしいと伝えてきました。これまで訪れた病院では、お医者さんも看護婦さんも快く受け入れてくださいました。

　また改名が認められる前でしたが、今度は彼が高校へ行きたいと言い出したのです。人が恐くてまともに学校へも通えませんでしたが、人一倍勉強をしたいという気持ちが強かったのです。自分の置かれている立場を考えると、せめて勉強ができなければダメな人間になってしまうというような強迫観念に襲われているように見えました。そのため我が家では、転勤で訪れていたその地を離れ、地元へ戻ることに決めました。我がことのように大切に子どもを見守り続けてくれた先生や友達との別れは辛いものでしたが、希望へ向けての大きな決断でした。

　まず、地元の教育委員会へ連絡をとり、情緒学級のある中学を教えていただきました。以前住んでいた地域を避けて学校を選び、受け入れてもらえることを確認し、その後、家を探しました。そして中三の夏休み明け、彼の過去を知らない人たちの中へ男子として転校してきたのです。それでもやはり人の中へ入ることはできませんでしたが、短い期間にいろいろな壁にぶつかりながら成長できたと思います。

受け入れてくださる学校でも戸惑いはあったと思います。どのように接したらいいのか等々、何度か話し合いを持ってくださいました。校長先生が「障害ではなく個性として受け止めましょう」と言ってくださり、担任となった先生も根気強く関わってくださいました。高校は無理だろうという時期もありましたが、先生の説得で願書提出期限直前に受験することが決まりました。

卒業式では、クラスの皆さんと入場してきた姿を見て、本当にうれしかったです。壇上で証書を受け取ることはできませんでしたが、よく頑張ったと思います。卒業を間近にして担任の先生が剣道を教えてくださいました。そのことも素晴らしい影響を与えてくれたと思います。

❖FTMでありがとう

以上、おおまかではありますが、こんな中学生活を送ってまいりました。

四月からは合格した県立の定時制高校に通っています。信じられないことに、バスや電車を乗り継いで一人で通学しています。受験前に彼のことは、中学の先生から高校のほうへ伝えていただきました。義務教育ではないので辛いことも多いと思います。学校内での移動や体育の着替え、トイレのこと。健康診断では死にたい気持ちになったこと、お弁当が食べられないなど、もろもろあります。それでも担任の先生に恵まれ、ここでも守っていただいております。まだほんの途中経過にすぎませんが、大きな山を一つ乗り越えたように感じています。

こんなことを言ったら彼に申しわけありませんが、今は「ＦＴＭでありがとう」という気持ちでいっぱいです。ほんとうに多くの方々に助けていただきました。そのことに感謝して生きられることがとても幸せです。

ひとことで性同一性障害といっても、一人ひとり感じ方が全く違いますから、他の子とは比べようもありませんが、でもそんなお子さんをもつ親御さんには、ぜひ本来のお子さんの気持ちを理解してあげてほしい、助けてあげてほしい、守ってあげてほしいと願います。この先の人生を考えると、山のような問題があるのは事実ですが、その困難を味わうよりも、戸籍上の性別で生きることのほうが辛い子もいるはずです。先の苦難を考えるよりも、そんな子どもたちが生きていきやすい世の中にしてあげることが、性同一性障害の子どもをもった親のつとめなのではないかと思うようになりました。

私は、少しでも子どもが楽に生きられるようにと、それだけを考えて今日までやってきました。これを親バカというのかもしれません。でも、ただでさえ死にたいほどの苦痛を感じている彼を見て、女に戻れとは言えませんでした。ですから、世間に対して「男として受け入れてほしい」と訴え続けてきました。ただただ願ってきたことは、彼が自分らしく生きてほしい、ということだけです。

味わった苦しさ、辛さはきっと、彼の大切な財産になると信じています。それにつけても国は一刻も早く戸籍の性別の訂正を認めるべきだと思います！　彼ら、彼女らの幸せのために!!

第II章

ゲイ

《簡単用語解説集》

〔動くゲイとレズビアンの会（通称アカー〈ＯＣＣＵＲ〉）〕――レズビアン／ゲイのメンバーからなるＮＰＯ法人。同性愛者が抱えている悩みなどを、当事者どうしでつながりを持つことで克服し、自己を受容していくために、また、同性愛者のおかれている困難な状況に変化をもたらすために、1986年３月設立。全国に登録会員と登録支援者合わせて約3000名。東京の事務所を中心に、レズビアン／ゲイのための電話相談・エイズ／ＳＴＤ情報ライン・法律相談などの各種専門相談、また、エイズの予防啓発イベントなどの社会サービス事業をはじめ、人権擁護、調査研究、政策提言、国際協力などの各分野の事業を総合的に展開している。

〔ＨＩＶ〕――エイズウイルス。

〔ＳＴＤ〕――性感染症。

〔オカマ〕――「男らしく」ない男性を指すが、社会の中で軽蔑的に用いられる場面が多く、この語を不快に思う男性も多い。

〔カミングアウト〕――自分が同性愛者であることを伝え、相手との関係性を変えていく過程（198～201ページ参照）。

〔ゲイ〕――男性同性愛者。

〔新宿二丁目〕――同性愛者が集まる飲食店街がある場所。

〔性的指向（セクシュアル・オリエンテーション）〕――性的な意識（恋愛やセックスをしたいと思う感情）がどんな人に向かうか（181～183ページ参照）。

〔バイセクシュアル〕――両性愛者。

〔ホモ〕――同性愛者を指すが、社会の中で軽蔑的に用いられる場面が多く、この語を嫌う同性愛者も多い。

〔ホモフォビック〕――同性愛に対して恐怖嫌悪する。

手記

三人家族、僕とハナとマシュー

そうわ　あつし

一九七三年生まれ。千葉大学大学院自然科学研究科修了。建設会社で勤務した後、現在は再び学生。

マシューへ

あつしです。まあ、一緒に住んでいるのだから、名乗らずともわかるとは思うのですが。

こんな風に改まって手紙でも書いてみようと思ったのは、先日君が僕の二九歳の誕生日にくれた（かわいい猫の写真が印刷された）メッセージカードがきっかけです。それはあまりにも考えさせるところが大きかったのです。ここにもう一度、僕の解釈した翻訳と共に載せてみます。

To my sweetie,

HAPPY BIRTHDAY!! Hoping that life continues to bring you lots of joy and deepdown happiness. Congratulations on all your success. You will be a great animal doctor. I'm proud to have you as my partner!

Love　　Matthew

（あつしへ。誕生日おめでとう。君の人生に、たくさんの喜びと幸せがもたらされ続けることを期待しています。大変だった大学受験が成功して、本当によかったね、おめでとう。君はすばらしい獣医になれるよ。君が僕のパートナーであること、誇りに思っています。マシュー）

僕が特に心打たれたのは、君が僕を誇りに思っていてくれたということだったのです。正直言って意外でした。なぜなら、僕は、自分の生き方に自信が持てなくて、僕は実は間違った生き方をしているのではないかと、いつも不安だからです。それは、勤めていた会社を辞めて、人生の進路を変更したからというだけではなく、君と出会う前も後も、自分がゲイだと自分で認められるようになる前も後も、いつも感じていました。だから、そう言ってもらって、本当に嬉しかった。ありがとう。

いろいろと考えていたら、これはちょうど良いチャンスだ、僕たちが一緒にやってきた生活を少し振り返って、僕がその時どきに何を感じてきたのかを君に伝えてみたいと思ったわけです。ところで世間には、ゲイカップルの付き合いは長続きしない、という噂があるそうです。というのはまず、出会って三時間後に危機が来て（セックス観が合わなかった?）、その三日後にまた危機がくる。そして三カ月後に次の危機、それが過ぎると三年後に危機が来るそうです。しかし多分、異性愛者のカップルも変わらないでしょう。数字なんてどうでもいいとは思いますが、僕たちの付き合いは、今ちょうど三年になりますね。この手紙が危機祓《ばら》いになればとは多少思います。

今回の誕生日カードもさることながら、もう一つ、君がくれた手紙で心打たれたものがありました。それは、僕たちが出会った頃にしていた文通です。出会ったのがインターネット上だったので、最初はお互いの容姿は判らなくて、だからなおさら君を知ろうとして、君からのメールは目を皿のようにして読みました。知っての通り、僕のパソコンのデータが全部飛んでしまって、その時のメールはもう残ってないのだけれど、でもちゃんと僕自身の記憶の中に残っています。

僕はその時、パートナーが欲しかった。セックスをするとか、一緒に新宿に飲みに行くとか、そういうことよりはむしろ、二人で猫や犬を飼って大切にするとか、家の掃除を分担してやるとか、例えば環境問題についてどう思うかを話し合うとか、そういうことをやっていけるパートナーが欲しかったのです。

そういうことをメールで書いた僕に、君は、君の将来のビジョンを話してくれて、それが僕の描くそれと一致していた。つまり、お互いに、「家族」をつくっていきたい、空想とか、偶然とかはもうやめにして、家族をつくり上げる努力をし続けていきたいね、という目指す目標が一致していたことに、とても感激したことを覚えています。あれから三年経ってさらに感激したことがあって、それは、君のその努力が今でも色あせないという、そのことです。喧嘩はたまにあるけどね、それはしょうがないですね。

❖母の変化

今思い出すと懐かしいけど、出会った頃は、お互いに卒業を控えた学生で、君の勤め先はすでに決まっていて、僕はまだ、という状態でした。就職面接は何社受けても落とされ続けました。今思うと、やっぱり建設の仕事をやるのには迷いがあったのかも知れないですね。自分では一生懸命なのですが、その迷いを見抜かれてしまうのかもしれない。

それでもあの頃の僕は、就職することに必死だったのです。なぜなら僕は、卒業したらすぐに親元から独立したかったから。君が知っているように、僕と母の関係は、何とも言えず複雑だったのです。母はホモフォビックなので、ゲイである僕を快く思っていなかったようなのだけれど、息子である僕を心から愛してくれるのです。だから、母と同居していた頃は、ゲイのことを悪く言う母とは喧嘩ばかりでした。ゲイというのはそうじゃないんだと、何年も、一生懸命説得してみましたが、その当時はだめでした。他のゲイの人が、「親にカミングアウトをしたら、すぐに理解してくれて、応援さえしてくれます」なんていう話をよく聞いていたので、僕もそうなれたらどんなに幸せだろうと思って告白したのだけれど、やはり人それぞれだと思います。

でも不思議なことに、君と一緒に暮らし始めてから、母の気持ちにも変化が現れました。母が君と一緒に食事したり、電話で君と話したりすると、やはり君の人柄なのでしょうね、かわいく思えてくるみたいだよ。「息子が二人になったみたいだ」って言っていたもんね。時間はかかりましたが、母は今では僕たち二人を応援してくれるまでになりました。人が人を説得するという作業は、予想以上に困難だけれど、素晴らしいことだと知りました。

❖ゲイカップルの家探し

ところで結局就職は、実家近くのあの会社になったので、就職してからも実家暮らしが続いたのは君も知っているところです。実を言うとあの頃は、前にも書いたように僕がゲイであるということをめぐる母との言い争いでお互いを傷つけあうことが、とにかく精神的に辛く、耐えがたかったのです。そこで僕が、ワンルームアパートを借りて独立しようかと思っていることを、確か君に伝えたと思うのだけれど、話がそこから始まって「いっそのこと、二人が別々に家賃を払うよりは、一つのマンションを借りて一緒に暮らしたほうが良いのでは」ということになったのが、今の二人暮らしをするきっかけだったよね。違ったっけ？

それまでは、二人暮らしを始めることを甘く見ていたと、今になって思います。正直言って、ゲイカップルの家探しが、あれほど差別され、困難な作業だとは夢にも思っていませんでした。僕たちが最初に訪れた埼玉のあの街でのことです。

それまでは、「ホモは気持ち悪い」と言われるような、言ってみれば「ホモ」という総体を介した間接的な差別に胸を痛めてきたのだけれど、その時はじめて、「お前は気持ち悪い」と、直接的な差別を受けたように感じました。そこが辛かった。正確に言うと、不動産屋さんには、僕たちがゲイカップルだと伝えたわけではないのだけれど、男が二人で部屋を借りることを拒絶されたのだから、同じことです。

不動産屋さん曰く、「大家さんがね、お年を召した方でね、ちょっと考えが昔風でして、できれば若いご夫婦に貸したいっておっしゃってるんですよ」「大家さんにとってはね、マンションは財産なんでね、綺麗に使って欲しいというのがあるんですよ。男二人の同居となると、雑に使われちゃうってイメージがあってね……」「男同士のお友達の入居ってね、結構夜にね、他の友達とか呼んじゃって、騒いでまわりの家に迷惑っていうのがあるんでね、大家さんも敬遠しちゃうんですよ」。というか、お前（不動産屋）がやる気ないんじゃんって言いたかった。やはり、彼にとって僕たちは面倒な客ってことだったのでしょう。そういう断りの理由というのは、明らかに偏見で、それは異性愛者のカップルでも当てはまるし、婚姻届を提出しているか否かにもよりません。

毎週末、朝にその街に出向き、入居を断られて夕方帰る。帰りの車中は重い空気で、僕たちは本当に一緒に暮らせる日が来るのだろうか、と真剣に悩みました。君は気丈にも、「妥協しないで、良い物件を探そう。こんなにいっぱいマンションが建っているのだから、絶対あるはずだ」と言っていましたが、君も相当辛いんだな、というのは見て取れました。あの時は、一緒に頑張ってくれて、本当にありがとうね。二人であの苦境を切り抜けられたこと、僕は誇りに思っているのです。胸を張って自慢できる。

結局、発想を転換して、あの街にこだわるのをやめて、この街で部屋を探すことにしたのは、僕は正解だったと思っています。君にとっては不便でしたが、残業の多い僕のために、職場にわりと近い場所ということで了解してくれて、すみませんでした。君はこの街にあまり良い印象を持っておらず、それは、ここを出て行く今になっても結局変わらなくて、残念ではあったけれど、僕にとっては、君と過ごせた素晴らしい思い出でいっぱいです。

川面の広がるバルコニーの眺め、夜に部屋から見える色とりどりの提灯をぶら下げた屋形船、近くの遊園地に揚がる花火、君が僕の二八の誕生日に秘密で企画してくれたサプライズパーティー。(そうとは知らず何気なく帰宅したら、部屋の暗がりから突然、クラッカーの轟音、「誕生日おめでとう！」という友人たちの声、テーブルに並んだすごい料理の数々、きらきら光る美しい部屋の飾りつけ、あんなにすばらしいプレゼントをもらったのは初めてでした。あの夜のことは生涯忘れないでしょう。)

この街での二人暮らしは、よい思い出とともに、よい教訓も与えてくれました。僕は、親元を離れて生活するのが初めてで、料理はできないし、掃除・洗濯はおろそかで、家賃・公共料金の振込み方も知らなくて、ゴミ捨ての曜日も覚えない、という具合で、君に負担をかけっぱなしの上に、仕事の残業で帰りが遅くなり、君がせっかく作ってくれた夕食も一緒に食べられなかったし、残業で帰りが遅くなる旨の電話を入れることもしないで、君に嫌な思いを多くさせていたことに、後になって気づきました。それは自分が料理を作り、君からの電話を待って、寂しい思いをして初めて気づいたのです。僕の残業中に家で、ハナの具合が悪くなって、君が一人で動物病院に駆け込んだこともありました。その時の君の気持ちを察すると、今でも胸が張り裂けそうです。そんな大変なことが起こっている最中にも、僕は仕事が忙しすぎて携帯電話が震えていることにも気づかなかった。ハナは僕たちの娘同然なのにね、僕は本当にどうかしていたと思う。

❖夢に向かって

僕はその頃、会社の仕事によって、精神の消耗を次第に止められなくなっていきました。会社ではやはり、男二人暮らしに対する揶揄《やゆ》が絶えませんでした。「どうしてわざわざ男と同居するの？」とか、飲み会の席になるともっと露骨で、「おまえ、ホモか？」とか、言うと君まで落ち込んでしまうようなもっとひどいことまでかなり言われました。僕が思うに（他の会社を知らないので適当な推測になりますが）、大きい組織では、仕事さえちゃんとできていればそれでいいんだという雰囲気が濃くなり、そのため人間関係が不誠実になっていき、人間同士がちゃんと向き合えなくなるのではないかな、という感じがします。

そんな雰囲気の中では、まさか僕はゲイです、などと言っても意味があるとは思えなかったので、それを隠していたのですが、隠せば隠すほど、あらゆることに嘘の理由が必要になり、なんだか自分が異常なほどに人間として不自然だと思えてきて、嘘をつくたびに精神が消耗するのです。仕事のうえでも、一体僕は、誰のために働いているのだろう、本当にこういうことをこれから何十年も続けていくのかな、という疑問がどんどん大きくなっていったし、そういう精神状態の中で、無意味な残業（したっぱは、他の社員より早く帰っちゃいけない、などという脅し）を常に強要されると、心だけでなく身体の自由までも奪われて、ますます精神が消耗していったのです。

そんな頃、あることがありました。それは、ハナのことです。僕にとってはショックな出来事だったので、今まで君には言いませんでした。それは、ハナのことです。君が出張で留守にしていた夜、僕とハナが部屋に二人きりでした。僕は次の日早く出勤しなければならなかったので寝ようとしたのに、ハナが狂ったように（まあ、いつものことですが）ニャンニャンとじゃれてきて、僕はその時彼女を「心の底から」疎《うと》ましく思ってしまったのです。そんなことは、後先一度きりなのですが、あんなに動物が大好きだった自分が、相当変質してしまっているな、と自覚させられる出来事でした。

そういう混沌とした気持ちの中で、僕のこれからの生き方をはっきりとイメージさせてくれたのは、去年の夏のアメリカ旅行でした。

インターネットラジオに興味のある君の希望で訪ねたシアトルのJさん、ゲイのための情報発信をしていきたいという強い思いを持って、私財をなげうってラジオ局運営に取り組んでいた彼とそのパートナーと仲間たち。

シカゴのNさんは、作家になるという夢をいよいよ実現させるべく、長年勤めた仕事を辞め、大学のコースに戻っていきました。

サンフランシスコのYさんとパートナーのGさん。Yさんは、Gさんとの暮らしの中で、こつこつと大学に通い続け、芸術学の単位を修得し、「もうすぐ卒業だ」と嬉しそうに笑っていました。日本を飛び立って、異国の地で長い年月をかけて一つのことを成し遂げようとするYさんの姿には、強く心を動かされるものがありました。

それからサンフランシスコでは、歴史の中で自らの努力により勝ち取ってきたゲイコミュニティの中心地「カストロ・ストリート」を、ゲイカップルと思われるたくさんの人々が愛犬を連れて楽しそうに散歩している。彼らはそこで「日常生活」を営んでいる。それは新宿二丁目仲通りとは違う、明るい日差しに照らされて、誇らしげな雰囲気さえ感じられました。

僕はこのままじゃつまらない。金が儲かるとか、世間で聞こえのいい職業とか、そういう打算ばかりになっていた僕の生き方をやり直せたら幸せだろうなと、満員になった通勤電車の中で、白昼夢のように思い描くことはその以前からあったけれど、アメリカでそういった多くの人たちとふれ合う中で、僕にだってきっとできるはずだ、やってみたい、とその時決心することができました。そういう元気をいっぱいもらった旅でした。

僕には高校生の時に諦めた夢があって、知っての通り、それは獣医になることでした。今さら突拍子もないね、と思われるかもしれないけれど、ハナを飼ってみて考えたことがありました。それは、ゲイの人たちの、伴侶動物に対する愛情の深さと思い入れについてです。ゲイに限ったことではないとは思いますが、息子や娘に対するそれとなんら変わらないのではないかな。

僕は小さい頃から、動物に対して無性に愛しく思える気質を持っていました。それは一つの素質なのではないかと思ったのです。そういうフィールドで、動物とともに暮らすゲイの人たちの日常生活をサポートしていけたら、どんなに意味の感じられる人生だろう、と考えたのです。こんなことは本来、高校生の時に思索すべきことかもしれないけれど、いろいろやってみてようやく出せた答えだから、僕の場合はそれで良かったのだと思っています。

誕生日カードで君は、僕に「Congratulations」って言ったよね。でもそれは僕一人で成し遂げたことではないんだ。こういう途方もない人生計画を実行に移せたのは、他の誰でもない、君と一緒にいることができたからです。君のユニークな考え方やビジョンを栄養にして、僕はここまで成長できたと思っているのです。

君は、この先、年をとったら、一緒に君の故郷に帰って暮らしたいと言っていたよね。動物がたくさんいる君の国で暮らすのは、僕の次なる夢なのです。その日のために、助け合いながら、お互いの人生の目標を一つひとつ実現させていければいいね。

最後に。

つきなみですが、愛しています。

君と出会えた奇跡を大切にして、この幸福を当たり前のものと思わずに、毎日の君との生活を、これからも丁寧に積み重ねていきたいと思っています。

手記

同性愛者として誇りを持って生きる

馬場　英行

ばば・ひでゆき。一九六七（昭和四二）年生まれ。近畿大学法学部卒。地方公務員。マスメディアによる同性愛者差別表現にこだわり続け、「すこたん企画」ウェブサイトで『ゲイのメディアチェック』コーナーを展開。NPO法人アカー会員。

――月の明かりと波音が聞こえる。徳之島の民宿の一室。僕は「徳洲」という五〇度の焼酎を呑んでグッタリ寝込んでしまったN君と二人きりだった。「N君。出逢えたことをありがとう」。心でそう唱えた。僕はN君の唇に唇を重ねた。「ばれたらホモだとわかってしまう」と思いつつ恐る恐るキスをした。僕にとって真正直な気持ちでの初めての接触だった。N君は気づかなかった。一九九四（平成六）年八月の終わりのことである。――

初めは恐る恐るだったが、僕を正直に同性愛者として肯定的に向き合わせてくれた貴重な一冊の本がある。井田真木子著『同性愛者たち』(文藝春秋)。N君と〝最高の夏〟を過ごす、その年の春、大阪梅田の大手書店でこの本を買った。表紙の装丁は「大胆」にも六人の同性愛者のスナップ写真が掲載されている。「ちょっと覗き見るだけにとどめておこう」と内心思いながら、他の本を上下に重ねて隠すようにレジに持っていった。本の内容はどうやら「動くゲイとレズビアンの会」(通称アカー・現NPO法人)という東京都中野区に事務所を構える同性愛者団体のルポルタージュ小説だった。

「東京へ行けば、こんなに自分に正直に活動している人たちがいるんだな」と思いながらも我がことと共通する話題があまりにも多かった。僕は同性愛者なんだ。我が身に覚えがあることが次から次へとページを繰るごとに読み取れる。読書は比較的のろまな僕が、その一冊は二晩で一気に読み尽くせた。大阪のサークル「ゲイ・フロント関西」(現「G—FRONT関西」)に辿り着き、参加するのはその五カ月後のことである。

❖N君との出会いと別れ

N君は僕が二七歳のとき、片思いをした二人目の男性だ。一人目は高校時代に出会ったT君。T君は漫画を描くのが得意で、少し病気がちでもあった。T君が胃炎で学校を休むと、僕は淋しさのあまり東大阪の石切神社参道の漢方薬店に行き、ハブ茶を買って家まで届けた。周囲はもっぱら異性に惹かれていくのに、僕だけが「違う」ことを意識した。自分を確かめるために広辞苑で「同性愛」という字句を調べた。現在でこそ改訂されているものの、当時そこには「異常性欲の一種」と記されていた。

あるいは「保健」の授業で性教育を受ける。スライドで「思春期に同性を好きになる人が出てきますが、一時的なことなので優しく見守ってあげましょう」といった一コマがあったのが脳裡に焼きついている。「僕もいつかは〝治るんだ〟」と。T君への片思いは、イコール恋愛感情だとは決して思ってはいけないと心を固める。それでもマスターベーションをするにはT君の裸を想像しないわけにはいかなかった。

無理をしたこともちろんある。旅行社のパンフレットに女性タレントの写真がある。それを持ち帰ってマスターベーションを試みる。ハッキリいって全く無駄な努力だった。射精の瞬間には男の裸がよぎる。女の子にバレンタインデーのチョコレートをもらったこともある。僕もホワイトデーにはお返しをした。でもそれは本当の気持ちではなかった。その女の子には、今も悪いことをしたと思っている。

最悪と思った経験は、就職浪人をしていたときの正月、高校時代の同窓生二人に連れられて大阪キタのファッションマッサージ店に行かされたことだった。着くまでの足取りは重く憂鬱だった。店に入ってアルバムを見せられ、一番おとなしそうな女の子を指名した。僕は〝時間内〟に射精できなかった。女の子には「ビールに酔ったせいかな」などととぼけていたが、「もう時間終わりやねん。ゴメン」と言って手を合わされたときは、本当に惨めというほかなかった。でも級友二人には「発射したでぇ」と格好つけていた。楽しみとか興奮なんて実は全くなかった。

いったん就職した民間企業を依願退職し、公務員になることをめざしていた一九九〇（平成二）年八月、N君とアルバイト先であるフィットネスクラブで一緒に働き始めた。最初はさほど意識していなかったが、僕がバイトを辞め、地方公務員となった三年目の九四（平成六）年、引き続きアルバイトと勉学にいそしんでいたN君を「男性」として意識するようになった。弟にしたいぐらいかわいくて、スポーツマンで格好良くて、パチンコと酒にはめっぽう強かった。なのに浮いた噂がなかった。

そんなN君のことを僕は独占したくなり始めた。同性として好意を抱いていることは隠したまま、ひと夏に二人きりで三度、海に行った。須磨《すま》で泳いだ日の晩、震災前の「三宮そごう」の屋上ビアホールで、N君から「きょう一日、一緒にいられて幸せでした」と言われた時、僕は天にも昇る心地だった。「こいつも本当はゲイで隠しているのかな?」とさえ思った。

続いて三重県浜島に一泊したり、鹿児島県徳之島に二泊旅行をして楽しんだ。僕とツーショットで写真を撮ってもN君は嫌がることなんてなかった。よく銭湯にも誘った。オーケーしてくれた時はうれしくて胸がときめいた。

いよいよN君に本当の気持ちを伝えたくなった。それがもとで仕事でつまずいたり、失敗が多くなった。秋、一〇月四日、居酒屋で僕が同性愛者であること、そしてN君に好意を持っていることを告げた。口から心臓が出そうなぐらいドキドキした。これが初めてのカミングアウトだった。N君はあどけない顔で、いたって冷静に受けとめてくれた。ただ、「俺は女のほうが好きです」とハッキリ言われたときには、自身の心の整理をつけていかなければと思った。

その後も、N君は全く差別なく、親友としての範囲でつきあってくれた。その年、エイズ、同性愛をテーマにして上映され、密かに一人で三回観た『フィラデルフィア』が大阪の「海遊館シネマ」で再上映されると聞き、N君も一緒に観について来てくれた。あまりにも優しいN君の態度に、僕はいくらか切なく、辛くさえなってきていた。震災の起こる二日前の晩、居酒屋で「もう会わないようにしよう」ときりだしたが、N君は僕に「親友」「先輩」としてつきあい続けてほしいと言ってくれた。でも僕の心は自制が効かなくなっていた。

その後、阪神・淡路大震災、地下鉄サリン事件、そしてN君の母親の病死と、公私ともに暗い事柄が多くなっていた。そんな頃、僕は「ゲイ・フロント関西」というサークルで、新会員を募ったり迎えたりする役職を引き受けた。僕はアカーの大阪版をぜひ立ち上げたいと願って活動を始めた。会内ではもっぱら「西村斜《にしむらただし》」という活動名で通すことにした。両親にはサークルに通う時は「専門学校へ行く」と言ってごまかしていた。

居酒屋でN君と会話していたとき、N君から初めて、「俺の手の甲にやたら触るのはセクハラじゃないですか。やめて欲しいんです」と告げられた。N君はイヤだったんだ。こんな僕って一体ナニモノなんだろう。翌朝、五月三日、僕はヤケになった。両親が朝食を摂り終えたのを見計らって「大事な話があるから」ときりだした。居間のちゃぶ台に両親そろって座ってもらった。

「今まで僕が結婚はしないと時折言ってきたけど、その理由を話します」

「……」

「僕は同性愛者です」

話し始めて三〇分ぐらいは僕が話しづめだった。両親とも息子から明かされた事態についてきているようではなかった。やがて母はシクシク泣きながら、「アンタが特攻隊とかに行かされて死んだと仮に思ったら、それよりはマシやと思わなあかんねんな」としゃべってくれた。父は「一〇パーセントぐらいはバイセクシュアルに治せんのか」と無茶なことを言った。いずれもただただ動揺しているとしか言いようがなかった。

計画性もなく、背中を押されたように行った両親へのカミングアウト。

五月三日。偶然、憲法記念日でもあるのだが、当時、動揺していた両親も今ではハッキリと僕の性的指向を理解し、現在入っているアカーでの活動をも支援してくれている。五年後の二〇〇〇（平成一二）年のその日、「馬場家・馬場英行カミングアウト五周年祝賀式典」を両親と三人でささやかに行った。母は赤飯を用意してくれた。午前九時という、あの同じ時間に同じ部屋で祝いあった。レインボーカラーのキャンドルの炎を三人で一斉に吹き消したものだ。

N君との別れの時が来た。時はさかのぼり一九九五（平成七）年九月、浪人していた彼の就職が内定し、一〇月から三重県名張《なばり》に勤務することになった。僕は、もう好きなN君の顔を間近で見ることはできなくなるけど、かえってそのほうがいいだろうと思うことにした。N君はゲイでもなければ、まして僕に好意を抱いてくれているのでもない。いくら頑張っても「親友」以上の関係にはなれないのだから、片思いを引きずるよりは神様が別れさせてくださるのだろうとさえ考えた。N君のためにアルバイト先で一緒だった人を集めて、送別会を企画することにした。それでも飽き足らず、僕はN君に大阪を出発する最後の日を電話で執拗《しつよう》に聞いた。せめて手を振って見送りたかったからだ。それが馬鹿だった。

N君は初めははぐらかしていたが、僕の詰問にネを上げ、「見送りは断ったらダメですか」と言ってきた。こんなに仲が良かったのになぜ？　僕に何か落ち度があったんだろうか。N君は「理由は言わないほうがいいと思います」と答えた。そこでやっと僕は気づいた。「つきあっている女性がいたんだ」と。見送りには行かないと約束して電話を切った。九月一二日午後六時前。僕は発狂しそうになった。両親にはN君との会話のことを悟られないように平然と夕食をともにした。おかずは昆布茶煮鍋だったことをハッキリと覚えている。その時にはもう自殺することを考えていた。

　すんなりN君と離れていきたかったのに、一番聞きたくない事実を聞いてしまった。もう死ぬしかないと思った。小椋佳さんの曲を聴きながら夜が更《ふ》けていった。一三日未明四時、洗面所に手を洗いに行く。そしてN君のことを想いながら〝最後の〟マスターベーションをした。気持ちが良かった。もう思い残すことはない。そうして買いだめていた鎮静剤を多量に飲んだ。もうかなり飲んだところで「ためらい」が入った。母が泣きながら僕の骨を拾っている姿が頭に浮かんだのだ。多量に飲んだが、後のことは神様にまかせようと思った。

　気がつけば、僕は性器に管を通され、おむつをはかされてベッドの上で寝ていた。暗闇の病室で看護婦さんに「喉は痛まない？」と聞かれた。「痛みません。胃洗浄されたんですね」とわりと落ち着いて「生」の世界に戻った。両親には失恋のことを知られたくなかったが、何でも父が後に「目が覚めるまでずいぶんうなっていた」と教えてくれた。

　片思いが果たせず自殺未遂に至るなんて、馬鹿だなと思われるかもしれない。でもN君も同性愛について知識があるとはいえなかったから、僕と寸前まで親しくしてくれたし、僕もN君の優しさに浮かされ、異性愛者であるN君に対して「禁じ手」の片思いをズルズル引きずってしまったのだ。N君に出逢えたことが不幸だったとは決して思わない。ただ、今思えば愚かな行為だったが、同性愛についての教育や情報がもっとまともにあれば、こんな悲劇は起こらなくてすんだかもしれない。

同性愛者である僕がN君の異性愛指向という動かし難いものを、もっとたくましく想像する。あるいは、異性愛者であるN君が僕の同性愛指向という動かし難いものを、お互いにもっともっとたくましく想像できていたはずだろう。異性愛中心主義の性教育がいまだ幅をきかしているのであれば、是が非でも見直してほしい。それは僕の一例からも、同性愛者の生存にかかわることだと言っても決して過言ではないからだ。

両親には大不孝をした。N君には切に幸せをつかんで欲しい。再会できれば謝りたい。

❖アカーの活動に参加

職場には自殺未遂のことは秘匿《ひとく》して二週間休んだ後に復職した。それからはN君のことを忘れるためにガムシャラに公務にうち込んだ。それと同時に「ゲイ・フロント関西」の仕事にもより懸命になりだした。

一九九六（平成八）年三月、扶桑社の『野茂とホモの見分け方』という書籍の新聞広告を見つけてビックリした。「ホモ」という見出しが目に突き刺さったようだった。翌日、仕事は午前中で切り上げ、昼から休暇を取った。近くの本屋に行くと問題の単行本が五冊、レジの棚に目立つように売られていた。僕はそれを全て買い、自宅で読んでみた。駄ジャレの語呂合わせの集大成のようなもので、例えば「野茂はお尻を向けて投げるがホモはお尻を向けて誘う」「危険なプレーが少ないのがレッズ。危険すぎるのがレズ」といった具合だ。男性同性愛者は、総じて肛門性交に明け暮れているような印象を植え付けている。女性同性愛者が危険すぎるとは、少数者への偏見もはなはだしい。情けなくなって缶ビールを一気に呑んだ。そしてボロボロに泣いた。

かつて複数の民間団体の抗議で『エイズは笑う！』（エイズ予防財団著）という本が発売前に廃刊になったことを思い出した。その本は漫画で、エイズにかかった人は同性愛者か麻薬使用者に限られているという事実に反した表現があったのだ。「よっしゃ。あの気迫や。とりあえず発売中止にしてやろっ！」。僕は夜中までかかって扶桑社の担当社員に宛てて八枚の便箋をしたため、翌日速達で送った。五日後、扶桑社から「発売を中止し、在庫は回収する」旨の手紙が届いた。でも発売中止イコール問題解決ではない。駄ジャレを公募したニッポン放送にも質問状を送り交渉を開始した。

実はこの闘いの経験が僕の同性愛者解放運動のやり方に大きな影響を与えることになる。

そして運命的な出会いが待っていた。僕に前向きな同性愛者のコミュニティを掘り出して見せてくれた書籍『同性愛者たち』の登場人物、アカーのメンバーと連絡を取り合う機会ができたのだ。アカーは「『野茂とホモの見分け方』発売・回収決定に関する声明」を出した。それまでの経過などについてアカーの風間孝さんらから電話がかかってきたのだ。風間さんは我が国では初めての同性愛者の人権裁判である「府中青年の家裁判」の原告となるに当たって、ご両親にカミングアウトをした。必要に迫られてのカミングアウト。その闘志に僕は今も変わらぬ敬意を抱いている。

「府中青年の家裁判」とは、一九九〇（平成二）年二月にアカーのメンバーが都立の青少年施設を合宿利用した際、他の利用団体のメンバーから「こいつらホモ！」とののしられたり、浴室を覗き見されるなどの嫌がらせを受け、東京都教育委員会はそのことにきちんと対応もせず、再度のアカーの宿泊利用申請に対し、同性愛者は「都民のコンセンサスを得られた存在ではない」という差別的な理由で宿泊利用拒否決定を下した。アカーは、この決定を違法とし、翌九一（平成三）年二月、東京都を相手取って訴訟を起こしたのである。九四（平成六）年三月に第一審判決が下され、アカーが勝訴したものの東京都は控訴した。

九六（平成八）年夏、当時「アルカリハウス二〇一号」といわれた旧アカー事務所を初めて訪れた。アカーの対外向け機関誌に、僕の対メディア活動の体験をインタビューというかたちで掲載してくれることになったのだ。

秋になり、東京からわざわざ大阪の「ゲイ・フロント関西」事務所までニッポン放送の方が話し合いに来られた。僕は糾弾した。それは人間として当たり前のプライドを奪い返したい一心からだった。そしてメディア側の方々に一貫して訴えているのは、政治が結果責任を担わなければならないのと同様、マスメディアは第四権力と言われる以上、結果について常に責任を自問して欲しいということだ。「差別の意図はありませんでしたが」と百言費やされても、おとしめられた同性愛者にとっては致命傷になるということだ。果たしてニッポン放送は一〇月一三日夜、ラジオ番組のなかできちんと経緯を説明したうえで謝罪した。

九七（平成九）年七月八日、僕は「府中青年の家裁判」の控訴審結審での「最終意見陳述」を傍聴した。この裁判の法廷で当事者の声を聴くラストチャンスだった。閉廷後の報告会で、僕はアカーのメンバーから「傍聴者アピール」に立ってほしいと言われ快諾した。「私の今の活動名は西村糾と申しますが、本名は馬場英行です。絶対に勝訴してください！」と訴えた。九月一六日、僕は原告側アカーの完全勝訴判決の瞬間に立ちあうことができた。被告東京都は上告を断念した。

アカーは、同性愛者のための電話相談事業や、ＨＩＶやＳＴＤ（性感染症）についての情報提供を展開している。また国や地方公共団体の人権指針などに「性的指向による差別」への対策を盛り込むように、行政への働きかけも盛んに行っている。霞ヶ関に近いという地理的な利便性もあって、国との交渉にも積極的だ。九八（平成一〇）年五月、僕は希望してアカーに入会した。

同性愛者・馬場英行は、本名でカミングアウトして誇りを持って闘い続けている。

手記

世界が変わる音がする

村瀬　哲哉

むらせ・てつや。一九八二年埼玉県生まれ。両親と姉のいる四人家族の長男として育つ。男女共学の県立高校を卒業。高校時代に自分の同性指向に気づく。現在は都内で一人暮らしをしている大学生。

❖孤独に耐えた高校時代

僕が自分はゲイだと気づき始めたのは、高校一年生の初恋のとき。僕は男性で、そのことに問題はないのだけれど、ただ一つ、好きになる恋愛の対象も同性の男性であることに気づいたのです。それ以来、高校生活を送る中で、僕たち同性愛者を否定する言葉をたくさん受けてきたし、つらい場面がたくさんありました。

たとえば、僕が友人と廊下を歩いていたときに、後ろから来た当時の担任に「オマエら、まるでホモみたいだな」と言って笑われたこと。そのとき僕は友人を指差して、「こっちは違うから」と冗談っぽく笑うのが精いっぱいでした。本当はすごくムカツイたし悲しかったし、「ホモで悪いですか？」って言ってやりたかったけど、誰がそのことを理解してくれるでしょうか？ それに、地域の人に僕がゲイだということが知れてしまったら、大切な家族に迷惑がかかってしまうかも知れません。そうやって、本当の自分も知ってもらえずに卒業までずっと耐えてきました。後に「さっきのアレって……おまえって本当にホモなの？」と聞かれて「そうだよ」って答えたら、それ以来友人は僕とは並んで歩かなくなりました。

他にも、つらかったことはいくらでもあります。「どういう女の子がタイプ？」なんて聞かれたら嘘でごまかすしかなかったし、また、恋愛に関しても大変です。僕は一年生の終わりに「大好きなアイツとクラスが変わっちゃう！」と思い、初恋の男の子に勇気を出して気持ちを伝えました。「君のことが好きなんだけど、オレと付き合ってくれないか？」って（苦笑）。案の定、答えはNGだったけど、気持ちを伝えられただけ良かったかもしれません。けれど、失恋の悲しみと一緒に、「これからも男の子を好きになってはフラれ続けるのかな」という大きな絶望にも襲われることになったのです。

休み時間にトイレへ行ったって、隣で男友達がズボンを下ろしていては気が動転してうまく用も足せなかったし、一番好きなスポーツの水泳の授業だって、更衣室がイヤでほとんど出られませんでした。だってそれは僕にとって、男子生徒が女子更衣室に一人だけ放り込まれたようなものだからです。すごく恥ずかしかったし、目のやり場に困ってエッチな気持ちになってしまうかもしれないって不安でした。そしてもしそれがまわりの友達にバレたら、きっと「なんて気持ち悪いヤツなんだ」とみんなから嫌悪されてしまうのです。僕は以前に「殴られた時よりも、殴られるかもしれないと思った時のほうがストレスは大きい」という心理的な仕組みが人間にはあると聞いたことがあります。そんな風にして僕はビクビクと臆病になっていきました。でもやっぱり「自分らしくありたい」と、不安な気持ちと闘いながら過ごしていたような気がします。

しかし正確に言えば、高校時代の僕は「自分らしさ」がどんなものかさえわからないでいました（それは今でも同じかもしれませんが）。同性を好きになることがあるなんて情報は身のまわりになかったのです。ただ、身近な男の子を好きになっている自分の気持ちは素直に受け止めることができました。でもそれは思春期の現象とか、もしかしたら一時的なものかもしれないと思っていました。そして女の子とも付き合ってみたこともありました。だけどやっぱりしっくりきません。

そんな生活の中でやっと正しい情報を得ることができたのは、高校二年の時、家でパソコンを購入しインターネットを利用できるようになってからでした。「きっと僕と同じような人が他にもいるんじゃないかな？」とドキドキしながら、それらしい言葉で検索してみると、「すこたん企画」をはじめとする同性愛に関する情報サイトや、ゲイの人の書き込みがたくさんある出会い系のゲイサイト、また自分と同じ高校生がゲイとしての生活を綴った個人サイトなど、たくさんの情報に触れることができました。そこで初めて同性愛という概念があることや、自分のほかにも同じような人がたくさんいることを知ることができ、僕はとても勇気づけられました。また、それと同時に、ゲイである自分は偏見を受け嫌悪されてしまう可能性が高いことにも気づき、とても悲しい気持ちだったのもこの時期です。

高校生活といえば、一つ、今でも記憶に鮮明に残っているものがあります。毎年行われる校内での献血キャンペーンのとき、全校生徒に配られた説明文です。「同性と性的接触を持った経験のある男性は献血できません」と明記されていました。「汚れたホモの血なんて必要ない」とでも言いたいのでしょうか？　そのような文章を何の知識もない生徒たちが一様に手にしたらどうなるのか。それは同性愛者への偏見の根拠となり、当然のように存在している嫌悪感をさらに助長してしまうのです。

その時僕は「いつか、こんなものを作ったヤツに抗議してやるんだ！」と思って、その説明の書かれた紙を引き出しの一番奥に大切にしまっておきました。でも、誰もいなくなった放課後の教室で改めて見返してみると、どうにもやるせなくて、声を殺して泣きながら、ぐしゃぐしゃに丸め潰して、もう一度開いてから、ビリビリに破いて捨ててしまいました。あなたには想像できるでしょうか。ズタズタに引きちぎられた紙の破片と、僕たちの気持ちが。もっと考えてください！　僕は今こうやって文章にできるからまだいい。独りでも前向きに強く生きてこれたからまだいいほうだけれど、言葉にもできずに、何が正しいかもわからないまま道を失ったゲイの少年だってたくさんいたと思うから……。

高校三年にもなると、僕は学校をよくサボるようになっていました。友達と話したって恋愛や男女関係の話題が出てくるのは時間の問題で、ゲイであることを隠している限りいつかどこかで矛盾してしまうし、それ以前に本音で語り合えないというのはとてもつらいことでした。そして、どうせそうなるのならば話さなければいいと、友達との会話を避けるようになっていました。高校生って、毎日の時間の大部分を一年間ずっと変わらないメンバーのいる、教室っていうある意味閉鎖的な空間で過ごさなくちゃいけないから、当たり前のように疎外され得る要素を持っているっていうのはとても大変なことに思えました。

そんなある日、生徒会長選挙をサボって帰ろうとしているところを、生活指導の体育の先生に捕まってしまいました。先生は言いました。「おまえはまたサボってるのか。学校の何が不満なんだ。今日は生徒の代表を決める大事な日なんだ。学校に不満があるならこういうところから変えてく努力をしなくちゃダメだろ。戻るんだ」と。そう言われた瞬間、今までの思いが頭を駆け巡り、僕は無意識に叫んでいました。

「何も変わりはしない！」

ふざけるな！　と思いました。マジョリティーの代表が何をしてくれるんだ？　と。僕がどんな思いで不条理に耐えてきたと思ってるんだ？　と。僕は「変えたい」といつも願って過ごしてきたんだ。そして言いました。「あそこには戻れません」、「どうして戻れないんだ？」という先生の問いに、僕は泣きながら答えました。「僕はゲイだから、自分に自信がないから、友達もいないから、戻っても居場所がないから。あそこには戻れません」。

今から思えば、仲のいい友達がいなかったわけではありません。でもその時は、不安に押しつぶされて、それが友達であることにさえ気づけずにいました。本当に誰にも理解してもらえずに孤独だったんです。仲のいい友達に勇気を出して打ち明けたって、「それって病気だろ？　おまえオカシイよ」と言われる始末。当時の部活の顧問の先生に相談しても、最初に同性愛についての説明をする必要がありました。そのため当然ながら、結局僕の考え以上の答えは出ませんでした。

両親に打ち明けるのも大変なことでした。「もし親に本当のことを言ったら殴られるかもしれない。勘当されて家を追い出されるかもしれない」と、すごく怖かったけれど、僕には自分を偽って生きるなんて絶対にできないと思えたから……。「殴られそうになったら全力で逃げよう。理解してもらえなかったら一人で生きていけばいい」と覚悟を決めて、打ち明けました。

ある日の夕食の後、僕は「怒らないで聞いてくれる？　僕は結婚はしないんだ」と話を切りだしました。長男である僕にとって、家系を継げないことや孫の顔を親に見せてあげられないことが重要に思えたからです。腑に落ちない様子の父に、僕は続けました。「僕は女の人を好きにはならないんだ。異性を好きになるんじゃなくて……」と。僕が言えたのはそこまででした。その時点ですでに父の顔色はあからさまに変わってしまっていて、それ以上直接的な言葉で表現しようものなら、何か大変なことになってしまいそうな気がしたのです。あとはうなずきながら「わかってください」と目で訴えるのが精いっぱいでした。すると父は今までに見たこともない深いため息をゆっくり三度ついて、「ショックだ」と言いました。そして「お前さえ嫌じゃなかったら、一度精神科の医者でカウンセリングを受けてみるか?」と言われました。それに対し、僕は「もちろん受けてもいいけど、これは病気とかじゃないんだ。たとえばもし姉ちゃんに女の子を好きになれっていう治療なんてしたら、頭おかしくなっちゃうだろ? 精神科に行ったって諭されるのは父さんのほうだよ」と説明しました。

一方、母には話の途中で泣かれてしまいました。誰も悪いわけではないけれど、(狭義での)息子としての両親の期待を裏切る結果となってしまい、とてもつらかったです。このように子どもが初めて悩んだとき、当然のように相談できるべき相手、家族や友達、先生や地域の人は、誰一人として理解してくれず、僕は誰を頼ることもできなかったのです。

そんな孤独の中でも自分を信じて、どうにかやってこれたのは、今まで育ててくれた両親の愛情のおかげだと思っています。でもたまに、その愛情はすべて「(狭義での)男らしい息子」という偶像に対するものだったのでは……と考えると、本当に寂しい気持ちになります。

❖校長先生に直訴

そんな高校生活も終わりの、卒業を控えた三月に、大学受験も無事終わり、ゆとりのある生活を送れていた僕は、以前から考えていた「学校に同性愛者を理解してもらうためのお願い」をしてきました。

話は直接、校長先生に聞いていただきました。校長先生は以前朝礼で「いつでも校長室へ遊びに来て、いろいろな話を聞かせてください」とおっしゃられていて、それを聞いて、僕もいつか話してみたいと思っていたのです。

当日、短くまとめて話すつもりが一時間半にも及んでしまいましたが、校長先生は真剣に話を聞いてくれました。また、校長先生は以前に一度、セクシュアリティに関しての講演を聞いたことがあるそうで、多少の知識を持っておられ、話がスムーズに進みました。

まず初めに、自治体などの人権規約を挙げて、「同性愛者に対する偏見が人権問題である」と話しました。その後、同性愛者が具体的にどういう人か、知ってもらいながら……というより、同性愛者が女装（男装）するだとか精神的障害やただの趣味だとかいう、先入観による誤解を解きながら、僕が学校生活で感じてきた、偏見や困難について聞いていただきました。

しかし校長先生は「同性愛者はどこにでもいるんだ」という認識がないので、「特殊なケース」としてしまい、問題として捉えてくれていないようでした。

そこで今度は、同性愛者がどこにでもいることを強調しながら（同性指向の強い人は最低でも人口の三パーセントはいると推定されているそうです。つまり、四〇人のクラスだったら一人以上いる割合になります）、その内のほとんどの人が、多かれ少なかれ困難な思いをしていると説明しました。「わかりやすいように乱暴な言い方をしてしまえば、これから生まれてくるどの赤ちゃんであっても、推定三パーセントという少なくない確率で同性愛者であるし、あなたの子どもやお孫さんが同性愛者であっても全くおかしくないのです。現実に〝同性愛者である僕〟の両親は異性愛者です」とも言いました。

また、いくらどこにでもいるとは言っても、こんな虐《しいた》げられた状況では同性愛をおおっぴらにすることもできず、日常生活の中で恋愛をしたり、ゲイ同士で知り合うことのできる機会はほとんどありません。その代わりに僕の身のまわりにあったのは、同性愛を馬鹿にして、「ホモだ！オカマだ！」とはやし立てるＴＶの嘲笑と友人たちの当然のような嫌悪感でした。そんな中で「正しい情報」や理解者との「出会い」を求めたとき、インターネットや、いわゆる「新宿二丁目」などのゲイスポットに頼らざるを得ない状況があります。そしてそこにはさまざまな危険や誘惑があって問題であるとも言いました。

例えて言うならば、数年前に、連鎖的に多発してしまった中学・高校生の自殺が報道された時の、「誰にも相談できなかった」という遺書の言葉や、同じく、女子高生の援助交際がブームのようにテレビで取り上げられた時、どうしてそんなことを始めてしまったの？　という問いに答える、「さみしかったから」というつぶやきは、そのまま、僕たち、一〇代のゲイの少年たちの言葉になり得る状況なのです。

そこまで言ったら、校長先生は僕らのつらさをわかってくれて、やっと少し問題意識を持ってくださったようでした。また、校長先生は話の中で、「ちょうど中・高校生くらいの時に、自分もクラスの男子に憧れに似た好意を持ったことがある。話を聞いて思い出した」ともおっしゃってくださり、「性的指向」が一〇〇パーセント異性に向かうと決まっているわけではないことに、理解を示してくれました。

僕の通っていた高校は、生徒が元気な学校なので、近い将来、時代も変わって、同性愛に対するさらなる理解を主張する生徒が出てくるかもしれません。その時に、僕の今回の行動が何かの役に立てばうれしいです。また、今回の経験で、僕自身も得るものが大きかったと思います。

校長先生は年度末だしきっと忙しいだろうなとも思ったけど、ちゃんと話を聞いてもらって、問題意識を持ってもらうことが、僕をつらい空間に閉じ込めた学校に対する僕の精いっぱいの〝仕返し〟でした。また、もし本当に今も昔も同性愛者が存在していたとするなら、なぜ先人たちは僕らに道をつくってくれなかったのだろう、と考えたりもしていました。「僕より先に生まれたゲイの人一人ひとりがちゃんと道をつくってくれていたら、臆することなく自分らしく生きることのできる環境をつくっておいてくれたら、僕はこんなにもつらい思いをしなくてすんだのに」と。もちろん、きっといろいろ努力はしてくれていたのかもしれないし、昔は今よりもっとつらい状況だったと思うけれども。そんな思いの中で、あとに続くセクシュアル・マイノリティの人たちにとってより住み良い社会になるように、今、自分にできることをすることが、道をつくりきれなかった先人たちに対する僕の〝仕返し〟であり、翻って敬意のようなものだったのだと思います。そして、それらの行動が、今の僕の自信と自分らしさ、そしてゲイとしてのアイデンティティを形作る元となっていくのだと思います。

この文章を書いていて、思い出した会話があるので最後に書きたいと思います。僕が一八歳のときにインターネットがきっかけで知り合った恋人と話した会話です。「僕たちもあの人たちみたいに手をつないで街を歩きたかったね」と、男女のカップルをうらやましそうに見て言う彼に僕は言いました。「でも待ってよ、今僕らは一八歳だろ？　世界を一八〇度変えるのに一〇年かかったとしても、その時二八歳。まだまだ遅くはなくないか？」って。

先日、二〇歳の誕生日を迎えたばかりの僕のまわりでも、すでに音を立てて世界が変わり始めているのが感じられます。妥協なんてするつもりはありません。この文章を読んで「こんな時代もあったんだね」って言えるような時が来るのももうすぐでしょう。そんな時が、少しでも早く来るように、これからも前向きに生きていきたいです。

第Ⅲ章

レズビアン

《簡単用語解説集》

〔アカー（動くゲイとレズビアンの会）〕――レズビアン／ゲイのメンバーからなるＮＰＯ法人（62ページ参照）。

〔オナベ〕――「女らしく」ない女性を指すが、社会の中で軽蔑的に用いられる場面が多く、この語を不快に思う女性も多い。

〔カミングアウト〕――自分が同性愛者であることを伝え、相手との関係性を変えていく過程（198～201ページ参照）

〔新宿二丁目〕――同性愛者が集まる飲食店街がある場所。

〔ストレート〕――異性愛者。

〔ジェンダー〕――社会が本人の意志とは別に「常識」「慣習」として押し付けてくる「女／男らしさ」

〔性自認〕――自分の身体を「女性」と認識するか「男性」と認識するか（179ページ参照）。

〔性的指向（セクシュアル・オリエンテーション）〕――性的な意識（恋愛やセックスをしたいと思う感情）がどんな人に向かうか（181～183ページ参照）。

〔セクシュアル・マイノリティ〕――性に関する少数派。

〔ＴＳ（トランスセクシュアル）〕――ＧＩＤの中でも最も重いもので、外科手術、特に外性器形成を強く望む症状・あるいは人（190ページ参照）。

〔ＴＧ（トランスジェンダー）〕――医学用語とは別に当事者から提唱された、心と身体の性別が異なる人の総称。狭義には、周囲から自分の思っている通りの性として扱われることができたらそれでよし、とする人のこと（189～190ページ参照）。

〔バイセクシュアル〕――両性愛者。

〔ヘテロセクシュアル（ヘテロ）〕――異性愛者。

〔ホモフォビア〕――同性愛恐怖症。

〔レズビアン〕――女性同性愛者。略称の「レズ」は、社会の中で軽蔑的に用いられる場面が多く、この語を嫌う同性愛者も多い。

手記

「存在しないもの」にされないために

小川　葉子

おがわ・ようこ。一九六三年生まれ。ＬＯＵＤ運営スタッフ。現在、レズビアンであるパートナーと六羽の小型・中型の鳥たち（インコ）とともに暮らしている。特技はインコの言葉が理解できること（ただし一緒に暮らすインコのみですが）。

今回、このライフヒストリーを書くことをお引き受けしたものの、実のところなかなか書き出せずにいました。現在の私は自分がレズビアンであるということを認識しています。この事実に対して何ら羞じる気持ちもありませんし、それを特に隠そうとも思っていません。同性愛者を取り巻く現代社会の現状にはさまざまな問題があることを痛感し、とりわけきびしい状況に置かれ、ともすれば孤立しがちなレズビアンたちがまだまだ大勢いることも知っています。

私は数年前から、ＬＯＵＤというレズビアンとバイセクシュアルのためのコミュニティで、ボランティアの運営スタッフとして活動しています。その活動を通じて、同性愛者の方々だけでなく、ヘテロセクシュアルの方々にもＬＯＵＤをご理解いただくため、またご支援をお願いするため、いろいろとお話をさせていただく機会がありましたが、その際には自分のレズビアン・アイデンティティも隠すことなく伝えてきました。それなのにこの期《ご》に及んで何をちゅうちょしているのか？　と自問自答してみると、苦しかった記憶をあまり鮮明に思い起こしたくない、辛かった経験を自ら再現することを無意識のうちに恐れていたからかもしれない、と思いました。今はそんな気持ちの整理もつき、これを書くことによってこれまでの自分を見つめ直し、今後の生き方を考える一つの契機にしたいと考えています。

❖受け入れられなかった性的指向

私は両親と妹一人の核家族の中で育ちました。両親は子どもである私と妹を分け隔てなく愛情深く、時にはきびしく育ててくれました。ごく一般的な家庭であったと思います。幼い頃の家庭環境が、後の私のセクシュアル・オリエンテーション（性的指向）に特に影響を与えたというような特別な出来事はありません。私はレズビアンですが、妹はヘテロセクシュアルであり既婚者です。

小・中学生くらいの頃は、気の合う大好きな女の子がいましたが、それはあくまで友達でした。幼い頃から男の子の遊び友達もまわりにたくさんいて、時には喧嘩もしましたが、彼らに対する偏見も嫌悪感も全くありませんでした。両親の庇護のもと、気楽な子ども時代を過ごしました。

思春期に入って私が恋をした相手は、同年齢の女性です。その時は自分がレズビアンであるから女性が恋愛の対象になったのだという意識は全然ありませんでした。でももし、その彼女が男性であったとしても同じように恋愛感情を抱いたであろうかと考えると、それは絶対にあり得ないことだという確信はありました。当時は自分の性的指向をはっきりと自覚していたわけではありませんでしたが、私は間違いなくレズビアンだったのです。その後一気に押し寄せて長い間私に付きまとって離れなかった、女である自分が女性を好きになってしまうことに対しての罪悪感や、世間一般の人たちとは違うのだという疎外感のようなものも、当時は特に感じませんでした。

それよりもこの気持ちをなんとか伝えたい、できればわかってもらいたい、その一方、相手に拒絶されることを想像するととても恐くもあり、どうしたらよいのか悩みました。でも日ごとにどんどん膨らんでいく気持ちを自分の心に留めて置くことが苦しくなり、思い切って彼女に告白しました。相手が異性愛者か同性愛者であるかどうかも知らずになんと大胆なことをしたのかと、今になって思い起こすと冷や汗のにじむ思いがします。しかし運がよかったというか、気持ちを打ち明けたところ、彼女は私のことを拒むこともなく、むしろ受け入れてくれたのです。好きになった彼女が私にも好意を持っていてくれたことを知り、とにかくうれしくてうれしくて、それこそ天にも昇るような感じであったことをよく覚えています。その後、私たちは親友というよりはもっと親密な感情をお互いに抱きつつ、二人だけの時間を過ごしたりして、心地よい関係性を持つことができました。私の懐かしい大切な思い出の一つです。

残念ながらその幸せも、そう長くは続きませんでした。高校を卒業した私たちはそれぞれ別の四年制大学に進学が決まりました。同じ大学に進学することも夢見たりしたのですが、大学で勉強してみたいと思う分野が異なっていたので、それはかないませんでした。大学生になった私たちを取り巻く環境は大きく変化しました。お互いに高校生の頃よりずっと自由になり、いろいろな友達もできて一気に世界が広がりました。新たな学生生活に馴染むのに忙しく、少し疎遠になりかけた頃、彼女から「あなたのことはとても好きだけれど、これからは〝友達〟でいたい」と切り出されました。異性愛者であった彼女には男性の恋人ができ、私は見事に振られたわけです。

今の私だったら、このような状況になることは容易に想像できるのですが、その時は自分を受け入れてくれていた彼女が去り、ただただショックでした。「もしあなたが男の人だったらよかったのに。結婚もできるし、このまま付き合っていけたのに……」と別れ際に彼女から言われたことにも、とても傷つきました。自分の存在を真っ向から否定されたようできつかったのです。それまでは自分が女であるという性自認について何も疑問を感じたことなどありませんでしたが、これさえも揺らいでいくのを感じ、大いに戸惑いました。女であるのに女性を好きになってしまう私は一体何者なのだろうかと。世間一般では恋人や夫婦などカップルといえば男女のことを指している。そうだとすると女性を好きになる私は、本当は男なのだろうか？　でも私の身体は男ではない。こんな私はどこかおかしいのではないだろうか？　などと、自分でも説明のできない不毛な考えが次から次へと浮かんできて、とても不安な気持ちになり頭が混乱してしまいました。

そのような状態の私は自分の性的指向を肯定的に受け入れられず、とても自暴自棄な状態に自らはまっていきました。自分に危機感を覚え、そこから抜け出そうとして考えれば考えるほど、今度はもっと深みにはまって一向に解決策や出口らしきものが見えてきませんでした。結果的にはこの失恋体験により、自分がレズビアンであることを突きつけられ、否応なくはっきりと自覚させられることにもなったのですが、最初はそんな自分自身をひどく嫌悪しました。私は同性である女性を好きになってしまうような変態だと。これは他人には向けていなくとも明らかにホモフォビア的な感情でした。

悩んでいても誰にも相談することができず、精神的にとても苦しい時期でした。それまでに私が知り得た、テレビや雑誌などのマスメディアからの同性愛の情報は、いつでも興味本意のキワモノ扱いでした。「異常な性癖」「異常な人が陥る性的倒錯」といったように悪いイメージばかりが誇張されていました。私もその異常な人間の一人なのかと絶望し、これからの将来の希望など無意味で希薄なものに思えました。友人や家族に苦しい胸の内を話しても、理解してくれるどころか、私に対して失望して離れていってしまうのではないかと思うと、言い知れぬ恐ろしさと孤独を感じました。もし当時、私自身、同性愛に関しての正しい知識を持っていたら状況はもっと違ったものになっていたと思います。

無責任な一部のマスコミは同性愛に関して否定的な情報を流し、同性愛者を嘲笑や蔑《さげす》みの対象にしていることが多く、そのようなことばかり見聞きしていると、いつしか同性愛者に対するイメージがどんどん悪くなります。私の母親も、まさしく偽りの情報に洗脳されていた一人であり「同性愛」という言葉さえ忌み嫌っていました。それを以前から知っていたので、普段は仲が良く比較的どんなことでも話してきた母に相談できないばかりでなく、自分のこの性癖を見破られないように注意しなければなりませんでした。何かすごく悪いことをしているような後ろめたさが私の心に暗く、奥深く広がっていくのを感じました。

混乱していくばかりの私は、ひどい不眠症になりうつ状態に陥りました。そのうち大学に通うことさえだんだんつらくなり、結局、中途退学をしてしまいました。自分が何者であるかよくわからない不安と戸惑いから、いろいろなことから目を背けるようになりました。何も知らない両親は、中退の理由は私の単なる気まぐれだろうと考えていたようです。そして「今後は学費の投資は一切しないから、それだけは肝に銘じておきなさい」ときびしく言い渡されましたが、親の判断として当然のことだと思いました。その後、だいぶ気持ちが落ち着いてからアルバイトをしながら学費を貯め、都内の短期大学で学びました。卒業後、就職してからも混沌とした悩みは続きました。

❖男の格好をしてみた

そんなある時、深夜に放映していたテレビ番組にミスダンディー（オナベ）のお店に勤める人が出演しているのを観て、女性を好きになるような自分はもしかしたらこの人と同じような人間なのかもしれないと考え、思い切ってその店の面接に出向くことにしたのです。その頃の私はトランスジェンダーやトランスセクシュアルという言葉やその違いさえも知りませんでした。採用された私は昼間の仕事を終えた後、一年ほどそこで働きました。男物のスーツ姿で男性のような髪型をして……。そしてその一年間の経験でわかったのは、「自分は間違いなく女性であり、他人から男性として見られたかったり、男性として振る舞いたいわけではない。男性になりたいのでもない」ということでした。

昼と夜、両方の仕事をこなすことは体力的にもかなりきつく、不規則な生活が続いたこともあり体調を崩してしまった頃、ずっと悩んできたことを高校時代の同級生である親友（女性）に打ち明けました。これが私の最初のカミングアウトになります。その親友が、自分は異性愛者だけれども同性愛者を嫌ったり差別するような気持ちは全然ない。私のことはかけがえのない友人なのだから何も心配しないで、というようなことを言ってくれた時には、何だか救われたような気がしました。信頼していた親友にカミングアウトすることによって、これまで否定的にしか考えられなかったさまざまなことを、少しでも明るい気持ちで見られるようになったのは私にとってかなり大きな一歩でした。

この時すでに、自分の性的指向を自覚してから一〇年が経っていました。それまでは、異性愛者でない自分には希望を持てるような将来などあり得ない、何をどんなに一生懸命にやってもどうせ無駄なのだ、という非常に卑屈な考えから、やることがどうしても中途半端になりがちなことに慣れてしまっていました。しかし、三〇歳を目前にして、自分の性的指向を理由に、これから先も悪循環を繰り返しているわけにはいかないと、今までになかったほど強く意識しました。今度こそ、この状態から抜け出そう、目を逸《そ》らさずにありのままの自分自身と向き合うのは今しかない、この機会を絶対に逃してはいけないと奮起しました。

そこで、何年か前に人目を気にしながらやっとの思いで買った、動くゲイとレズビアンの会編『ゲイ・リポート』（飛鳥新社、一九九二年）という本で知った、NPO法人のアカーのホットラインに勇気を出して初めて電話をしました。電話番号が掲載されていたこの本は、私が長い間大事に保管していたものでした。ホットラインのスタッフの方は、緊張していた私に丁寧に対応してくださり、セクシュアル・マイノリティと呼ばれてはいても同性愛者は実は大勢いるということ、私と同じような悩みを抱えている人もたくさんいることなどを穏やかに話してくださいました。

これがきっかけとなり、レズビアンの方々が主催されていた、あるサークルのことを知ることができました。そこのお茶会に一大決心で参加した私は、生まれて初めて自分以外のたくさんのレズビアンに出会い、驚きました。同性愛者が集まるという「新宿二丁目」のことを知ってはいたものの一度も遊びに行ったことがありませんでしたし、本当に自分以外にレズビアンの人がいるのだろうか？　などと懐疑的に考えていたからです。

お茶会で知り合った女性たちと交流するうちに同性愛者であることに悩んでいたのは私だけでないということがよくわかり、自分だけが苦悩しているなどと悲観していたことが急に恥ずかしくなりました。彼女たちはマスメディアが面白おかしく伝えてきたような異常者などでは全くなく、社会人としての良識を備え、地道に生活している人たちでした。私は恐る恐るコミュニティに出向いて来た緊張が少しずつほぐれていくとともに、なんとも言えない安堵感に包まれていくのを心地よく感じていました。これまでどうしても拭い去ることのできなかった呪縛から解放されていくようでした。そして人間の多様な性的指向に偏見を抱き、そのことで同性愛者を差別していたのは、他ならぬ当事者である私自身であったことに改めて気づいたのです。自分だけの殻に閉じこもっていた私にとって、この事実を認識できたこと、そして自分がレズビアンであることを肯定できるようになったことが、その後の私の、レズビアン・コミュニティへの関わり方を決定していく重要な起因となりました。

❖レズビアンとして声を挙げていく

現在私は、レズビアンであるパートナーと同居して七年になります。彼女とは時間をかけてじっくりと築き上げてきた信頼関係で結ばれています。私たちには共通の関心事や趣味があり、価値観もかなり似ています。どちらかが特別、相手に依存しているということもなくお互いに支えあって生活しています。

私たちが生活をともにしようと考えた時、まだ親元で暮らしていた私は母から強く反対されました。父のほうは「理由はどうであれ、成人した子どもが親から独立していくのは当たり前だ」と言ってくれましたが、母と私は、私がレズビアンではないかと母が感じ始めた頃から確執が始まっており、ことあるごとに議論していた母を納得させることができないまま家を出たのでした。

その母も三年前に、まだ五九歳という年齢で急死しました。多発性骨髄腫と診断されて入院、そのわずか一カ月後のことでした。少しずつ私たちの生活に理解を示してくれるような言動があっただけに、突然の死が辛くてなりませんでした。私が仕事の合間に入院先の病院に行くと、「私のことは大丈夫だから、早く仕事に行きなさい」と逆に気遣ってくれた母でした。さらに後になって叔母から、母が私について「自分で思うとおり、生きたいように生きてくれたらよいと思えるようになった」と話していたことを教えてくれました。口には出さなくとも、いつも娘の私の幸せを願っていてくれた母の暖かい気持ちを考えると、新たな悲しみが押し寄せてきました。ひどく落ち込んでしまった私を一番に心配し、いたわり支えてくれたのはパートナーでした。

私とパートナーが同居してから他にもいろいろと大変な出来事がありましたが、そのつど二人で考え、よく話し合って乗り越えてきました。世間一般では、同性愛とかレズビアンというとなぜかセックスのことばかりが強調され、興味本意に取り上げられがちです。もちろん異性愛者、同性愛者に関わらず、セックスは恋人やパートナーの間で重要なことだとは思います。しかし私は、もし仮に今のパートナーに対しての恋愛感情（性的な興味も含む）が、付き合い始めた当初よりも薄れたからといって、二人の関係がすでに終わったものであるとか、彼女と別れようなどとは考えたこともありません。年月を重ねるごとに成熟していく「家族」のような結びつきを強く感じていますし、レズビアンである私たちにとっては、女性同士でつくり上げていくさまざまな関係性が最も居心地のよいものであるからです。これから先もお互いに助け合ってともに生きていきたいと思っています。パートナーに対しては目標を持ってコミュニティに関わる者同士としても、強い絆と信頼を感じています。

恥ずかしい話ですが、性的指向に悩んでいた頃の私は、自分がレズビアンであることを完全に隠していても、いつの日か同じレズビアンの友人や恋人に出会って自分たちだけが幸せに楽しく生きることができればそれでよいという、かなり身勝手な考え方をしていました。そんな私が同性愛者のコミュニティの存在によって、やっと自己肯定ができるようになり救われたのです。もしコミュニティがなかったら、きっと今でも自分がレズビアンであることに後ろめたく、暗い気持ちで生きていたに違いありません。それで今度は自分がコミュニティ活動に参加しよう、微力ながら自分のできることをして報いたいと考え、現在に至ります。

私はこの数年間にわたるコミュニティ活動の中で、確信したことがあります。それは、他人任せで同性愛者に対しての差別や偏見が世の中にあることをただ嘆くだけで、当事者自身が意識して行動を起こしていかないのなら、いつまで経っても現状は変化しないだろうということです。現代の社会では、大方の人たちが自分が異性愛者であることに何の疑問を持たないのですから、少数派とされている同性愛者は確かに存在していることを、ある程度しっかりと表明していかなければ、同性愛者は「存在しないもの」とされてしまうでしょう。私は、私とパートナー、そしてレズビアンの友人たちが暮らしやすい社会が一日も早く実現するよう、自分のできる限りの活動をしていきたいと思っています。そして人の生き方には多様性があることがいろいろな意味で理解され、尊重されるまでは、私自身レズビアンであることに、セクシュアル・オリエンテーションにあえてこだわって生きていきたいと考えています。

手記

レズビアン、否定から肯定へ

川本　恵子

一九七四年生まれ。現在は東京都町田市にある農村伝道神学校四年生。牧師を目指すレズビアンとして日々まい進中。早起きが大の苦手。趣味はドライブ。

「私はレズビアンである」。

私にとって、私が私らしく生きていくために大切な属性を肯定的に受け入れ、この言葉に付随する偏見を引き受けるまでには、私の短い人生の多くの時間が必要でした。そしてまた、今もその作業の真っ最中です。そんな私の今までの歴史をかいつまんでお伝えします。時代的背景は幼稚園、小学校、中学校、高校という表現で書かせていただくことにしました。それは私の中で、セクシュアル・オリエンテーション（性的指向）に気づき、悩む中で学校という場が良くも悪くも非常に多大な影響をもったためです。内容の多くは、今になって振り返るという視点で綴っています。今、私はレズビアンである自分自身を喜びまた愛してやまないからです。

❖洗礼を受けることで性的指向を封印した

私が自分のセクシュアル・オリエンテーションに何となく気づき始めたのは一二歳の頃で、小学六年生の時です。実際に誰か女の子と恋愛関係があったわけではありませんが、言葉にできないものを感じていたのです。また、服装と振る舞いは「女の子らしさ」からは掛け離れていました。スカートを履くのを好ましく思わず、小学校五、六年生の時は卒業式を含め、二、三回しか履いていったことがありませんし、遊びはもっぱらサッカーをしていました。また幼稚園の頃にお祭りの夜店で買ってもらったアニメキャラクターのお面は男の子が主に好むものです。その頃から、女性らしさ＝男性から好まれる振る舞い＝異性愛、という構図で社会を理解していたのかも知れません。

六年生当時、仲の良い女の子の友だちがいて、何だかとっても大好きで、その子が喜ぶことをしようと努力していましたし、わざと怒らせるようなことをしていました。そして、卒業式に別れるのがとても辛く悲しく、その子と抱き合って泣いたのを今でもはっきり覚えています。卒業してからは、その友だちとは別の中学校へ通うようになりましたが、中学一年生の誕生日とクリスマスのプレゼントをドキドキしながら届けに行ったことを今でもはっきり覚えています。

成人式で何年かぶりにその友だちに会ったとき、少し胸がキュンとする思いがして、さらに多くの男の子たちに囲まれて楽しそうに会話をしている姿を見て、やっぱり私が彼女を好きでいることは、間違いなんだと突きつけられたような気がして愕然としました。

中学校、高校は女子校、大学は短大に入り、卒業後すぐに四年制の大学に編入したのですが、女子校でキリスト教主義の一貫教育校です。中学校の頃は、通学途中の電車で出会う男の子に恋をする私と、学年が上の「先輩」と呼ばれる人に恋をする私という二つの顔を持っていました。中学生になったのだから付き合う男性の一人でもいないと友だちから遅れをとってしまうという思い、そして女性を好きになるという私の本当の姿です。しかしそれは、前者が後者を圧倒的に支配していましたので、私はまわりと違うからおかしいという認識には至っていませんでした。

女子校では、学年が下の者が、学年の上の人を好きになる、そして、学年が上の者が下の者を可愛がるという一種の憧れの関係がかなり多くあります。私を取り巻く環境の、先輩を好きになるという現象への容認が、女性を好きになるという本当の姿を見えなくしたのかも知れません。社会からある種、隔離されたような環境の中で教室の中に教師以外の男性がいなかったことが、強制異性愛社会から女性を好きになる私を守ってくれていたのだとも思います。

高校生になったら「紹介」と呼ばれる、近隣の男子校との合コンが盛んに行われるようになり、またクラスの約三分の一が男女共学の公立中学校出身で、強制異性愛社会を経験していることもあり、中学校の時のように二つの顔を持つわけにはいかなくなりました。あまりにも仲の良い二人には「レズじゃない？　気持ち悪い」と罵声が浴びせられ、仲良くくっついていた者同士が、慌てて離れるという光景を見るようになったのも高校生になってからです。

私が高校一年生の時、とても私を慕ってくれる友人が現れ、あなたのこういうところが好きとか、「大好きだよ」と直接的な表現で思いを告げてきてくれました。私は当初、純粋に嬉しかったし、私も彼女のことが好きだったので一緒にいることを望み、二人で楽しく遊んだりしていましたが、先ほど記したようなまわりの影響から、私は彼女から離れていったのです。しかし何よりも、女性が女性を好きになるという正しいロールモデル（お手本）がなく、私自身が同性愛はいけないことであると認識していたからにほかありません。

私が女性を好きになることを確信したのは高校三年生の時です。同じクラスにとっても好きな子が現れ、彼女のことを考えるだけでドキドキし、胸がキュンと痛くなり、授業中後ろ姿を見ているだけで切ない気分になりました。とにかく、彼女と少しでも長い時間一緒にいたい、とそんなことをいつも考えていたのです。授業中は小さな紙に取り留めのない手紙を書いて、その返事をもらったり。また二人だけで行動すると、「レズじゃない？」とまわりの学生に言われてしまうといけないので、私と当時親友であった友人を巻き込んで遊んだりもしました。このとき、はっきりと「私はレズなんかではない」というホモフォビアが存在していたことは明らかです。

次第に彼女に対する思いは募る一方で、私は普通じゃなく異常だ、私と同じような人は外国には存在しても日本にはいないであろう、でもこの思いは止められないと悩み続けていました。とうとう自分一人ではその思いが抱え切れなくなってしまい、ある日親友に彼女のことが好きなこと、そしてそれは恋愛感情であることを告げたのです。私は、「そんなのおかしい」と否定されることを予想していたのですが、親友は「(世間的に)おかしいかもしれないけど、悪いことではない」と言ってくれたのです。私にとって初めてのカミングアウトが頭ごなしに否定されなかったことを親友に心から感謝しています。もし完全に否定されていたら、私はこの世に存在していなかったと思っています。また、親友にカミングアウトしてからというもの、高校生活が一人で悩んでいた頃よりも、より良くなったことは言うまでもありません。彼女のことを私が好きなことは、親友と私の間で秘密のまま卒業を迎えました。

卒業してからもその大好きな人との友人関係は続いていましたし、彼女への思いも深まるという形で続いていました。ある日、私はとうとうその思いを彼女に隠しておくことができなくなってしまったのです。私は彼女に友だちとしての思いではなく、恋愛感情として、好きだということを伝えました。伝えずにはいられなかったのです。

好きな人にその思いを告白する一つの手段として言葉があります。「あなたのことが好きです」「あなたのことを愛しています」などです。私はレズビアン・コミュニティに参加するようになって、つまり自分がレズビアンであることを肯定的に受け入れるようになってからは、言葉で伝えるようになりましたが、この当時はできませんでした。というのは、何度も繰り返していますが、レズビアンの偏見に満ちた間違った情報しか私には知らされていなかったため、「私はあなたのことを愛しているけど、あの忌ま忌ましいレズビアンなんかじゃない」という思いが非常に強かったからです。もし、言葉をもって彼女に思いを伝えたならば、私自身、レズビアンであることから逃れられない事実を作ってしまうことになるからです。

彼女に言葉を用いることなく思いを告げた結果、彼女は友だちとしても私と関われないことを示してきたので、今の今まで彼女との連絡は途絶えたままです。ここからが私の苦悩の始まりです。やっぱり私は生きていてはいけないんだ、私は女でありながら女性を好きになってしまった、私は本当に悪いことをしてしまった、これらの思いが毎日何度も何度も頭の中を駆け巡り、いつも苦しんでいたのです。

先にも記しましたが、中学からキリスト教主義学校に通っていましたので、教会に通ったり、学校で聖書の授業を受けたり、朝礼の代わりに礼拝が毎朝あったりという生活でキリスト教には親しんでいました。彼女との出来事をきっかけに、女性を好きになったということの罪を赦されたいという思いから教会に通うようになり、そして洗礼を受け、クリスチャンと呼ばれる者になったのです。クリスチャンになってからは、もう女性を好きになるという罪を犯さないように、そう生活を心掛けたのです。しかしそれは、生きているのに死んでいるような生活、自己を自ら抑圧する生活でしたので、自然とまわりをも否定することをしていたと思います。

❖日曜礼拝でカミングアウト

ある日、テレビを見ていたとき、笹野みちるさんの『Ｃｏｍｉｎｇ　Ｏｕｔ！』（一九九五年、幻冬舎）の紹介がされていました。彼女はミュージシャンで私自身も以前から彼女のことが気になって、ＣＤを購入し聴いたりしていました。彼女はこの著書でレズビアンであることをカミングアウトされたわけですが、それをテレビで聞いたとき、私は「やっぱり、そうか」と納得しました。以前からもしかして彼女はそうかも知れないという、言葉にできない感覚を抱いていたからです。

彼女との出会いが私の人生を一変させることになります。笹野さんのような素敵な人がレズビアンなんだ、私も彼女と同じような境遇だったら嫌じゃない、レズビアンの仲間を探そうという思いに至ったのです。私の中の、見えないレズビアンに対する偏見が実際見えることによって崩されていったのです。

それから、セクシュアル・マイノリティ主体のさまざまなイベントに参加するようになりました。生まれて初めてコミュニティに出向いたときは偏見からくる恐れと緊張、仲間に会えるうれしさの二つの相反した思いから体が震えたことが昨日のように思い出されます。書籍なども何冊か読み、偏見は以前より解かれてはいましたが、誰か悪い人がいてレズビアンであることを理由に私を恐喝するかも知れないと、住所のわかるような免許証、学生証は持たず、一万円札だけを持っていったのも覚えています。今となっては笑い話です。

その中でクリスチャンのセクシュアル・マイノリティやレズビアン、ゲイの牧師にも出会うことができたのです。クリスチャンの仲間との出会いの中で、レズビアンであることは決して罪ではない、私が自らを否定することは、私をつくった神の創造の否定であることを知りました。私は、堰《せき》を切ったようにレズビアンであることを受け入れていくことができたのです。二〇歳、短大二年生の時てす。

それから四年制大学に編入学し、卒論の相談に教師のところに行き、セクシュアル・マイノリティについて書きたいことを告げた時、その先生は、セクシュアル・マイノリティ関連の資料をいくつか出してきて、興味深く話してくださいました。そして、先生は「コミュニティと関わるうえで、当事者が関わるのと、そうでない人が関わるのとでは相手側の対応も違ってくると思うけど、あなたはどうなの？」と尋ねられたのです。私は、どうしよう、これはカミングアウトしなければならないと一瞬戸惑いましたが、先生の屈託のない表情に私は安心して、「私はそうです」と答えることができました。残念ながら、「私はレズビアンです」とはまだ言うことはできませんでしたが、この遣り取りの中で、ゼミの中で他の学生は誰も私がレズビアンであることを受け入れてはくれないかも知れないけれど、先生だけは味方してくれるであろうという安心感から、卒業論文ゼミナールのクラスでカミングアウトすることができたのです。そして、他の学生たちとも楽しく学ぶことができました。「レズビアンの存在と権利獲得の必要性」を書き上げ卒業しました。

卒業後は一般企業に就職しました。キリスト教の牧師になるために神学校への進学を希望していましたが、その当時通っていた教会の牧師に、神学校へ行くための推薦状は書けないと言われてしまったのです。その理由は、私がレズビアンであることと、そのことを肯定的に捉えているからであると言っていました。私はこの明かな差別に困惑し、悲しみ、絶望し、教会を離れることになります。しばらくしてその教会の牧師が他の人に交代したときに新たに赴任した牧師にも神学校に行きたいことを話しましたが、同じ内容の言葉が返されました。

現在、私は神学校に在籍しています。それまで所属していた教会から新たな教会に籍を移し、その教会の牧師と何人かの方にカミングアウトしました。教会はレズビアンである私を肯定し受け入れ、喜びと祈りをもって神学校に送り出してくれたのです。さらに入学して二年、日曜礼拝という教会の公の場で、文章とその礼拝への出席をもってカミングアウトすることがやっとできました。本当に本当に幸せに思っています。

神学校での学びの生活は、レズビアンであることが完全に受け入れられ、まったくの幸せであるとは残念ながら言えません。私自身がこの強制異性愛社会の中で、どのように生きづらいのか、幸せに生きるために社会がどう変わらなければならないのか、また社会を支える一人ひとりが何に気づいてほしいのか、一から伝えなければなりません。今そのための学びを他の神学生、教師とともに根気強く進めているところです。

コミュニティで私が神学生であることを告げると、よくキリスト教は同性愛を否定するのではないかという問いを投げかけられます。正直、今のキリスト教界の全部が同性愛者を肯定しているとは言えませんし、その多くは何が問題であるのか知らずにいます。でも私は、決して同性愛が罪であるとは思いませんし、かえって同性愛者であることは神にあって喜びであると確信しています。キリスト教界の中で同性愛を否定する人がいるのは、その人のホモフォビアが聖書をもとに勝手に理由づけられているだけなのです。

私がレズビアン・コミュニティに出るようになってからずっと繰り返していることがあります。それは、自分自身がこの世に存在することを肯定するという作業です。同性愛者に対する偏見に満ちた間違ったイメージしか発信し続けられていない世界に二〇年以上生きてきました。そのため、異性愛が絶対である、唯一正しい在り方であるという価値観が私自身の中に染み付いているわけです。この影響で、コミュニティに参加するようになってからも、私は生きていてはいけないんじゃないかという思いに苛《さいな》まされ、それは今もときどき波のように襲ってきます。実際、自分自身がカミングアウトしてからも普通にならなければという思いから男性とお付き合いしたこともありました。でも今は、私の「普通」は女性とお付き合いをするということ、レズビアンであることだと自信を持って言えます。まだ私は両親にカミングアウトしていないのですが、その日も近い将来になりそうです。

私は世間一般に言われるような異性愛強制社会における「幸せ」は実現することはできないけれども、私の幸せはレズビアンとして生きることなのです。世の中はまだまだ、私のようなレズビアンという存在を否定するばかりです。でも、私は心と魂と存在をかけて言います。私は生きていていいんだ。幸せなんだ、もっともっと多くの人々にこの幸せを知ってもらいたい。そして、今もなお世の中のいう「幸せ」で自らを否定し続けている仲間たちに贈ります――

あなたは悪くない、あなたは生きる価値があるんだ、誰も否定する権利はない、それが自分自身だとしても。

手記

自分の心に正直に

鈴木　綾乃

すずき・あやの。最近は彼女とはケンカもせずに、仲良く平和に暮らしています。小さいながらも、マンションも買って落ち着きました。今振り返ると、数年前は嵐のような毎日でした。

❖初恋、そして結婚

子どもの頃の微かな記憶の中で、ヌードグラビアを好んで持ち歩いていた自分の姿があります。両親はおもしろがって、「この子はヌードが好きだね」と、こんなグラビアがあると私に渡してくれました。三～四歳の頃のことです。この時はもちろん女の人が好きだという自覚はなく、ただ女性の姿がきれいなことに関心を持っていたのだと思います。私は小さい頃から美しいものやかわいいものが大好きで、レースやリボンのついた服を着たり、マニキュアを塗るのもとても楽しかったのです。お気に入りのお人形には、平らな胸をはだけてミルクをあげようとしたり、今の私より母性本能（?）が強かったのではないでしょうか。いわゆる女の子らしいものが好きな反面、外で近所の子どもたちを引き連れて走り回ったり、泥んこ遊びも大好きな元気な子どもだったようです。

私の両親はとても優しくて、私は少し過保護に育てられたようです。弟とも仲が良く喧嘩もあまりしませんでした。そのせいか幼稚園に入ってからは、私は集団生活に馴染めずに、男の子たちにからかわれたりして、毎日のように泣いていました。私には男の子たちの乱暴な言葉使いやその態度が恐かったのです。この幼少期の出来事だけが原因ではないのですが、男性に対する苦手意識は大人になるまでついてまわりました。でもだからレズビアンになったという理由ではありませんし、異性が苦手なストレートの人も大勢いると思います。

さて私が小学校高学年の頃は、「ベルサイユのばら」のオスカルに憧れていました。オスカルのようなカッコ良くて優しい男装の女性と恋人同士になりたいと夢見ていました。多分この頃から女性を意識し始めていたのかもしれません。中学生になると、「風と木の詩」や「ヴェニスに死す」などが好きで、同性愛を扱った作品は男性同士のものでも興味深く、また刺激を受けることになりました。そしてボーボワールの「第二の性」やプラトンの「饗宴」など読み進めていって、女性同性愛者への差別や太古の昔から同性愛者は存在したことなどの知識を得ていました。この当時から男の子にあまり関心がない私にとって、異性愛よりも同性愛のほうが自然なことに感じられていました。そして両性ともに愛することができるバイセクシュアルにも興味を持っていたのです。

そのような中学時代を終えて、高校へ入学するのと同時に、私は初恋の女性にめぐり会うことになります。同じクラスだった彼女とはすぐに仲良くなって、一日中一緒に過ごしました。帰宅後も互いに電話をかけたり、手紙を書いたりする毎日でした。その頃の彼女は髪を短く刈り上げていて、美少年のようでした。私は初めて人を好きになることの幸せや嫉妬の苦しさを知りました。本気で喧嘩をしたのも彼女が初めての人でした。彼女との毎日はとても楽しくて、生きていることが幸せに感じられました。この絶対的な幸福感はこの時以降現在まで、私の根底にあるものとなりました。私たちはいつも腕を組んで歩き、人前でも抱き合ったりしていましたので、友人たちからは「恋人同士か夫婦のようだね」と言われたり、「レズ?」という囁きも聞こえてきました。私にはそのような周囲の声さえもうれしいことでした。

彼女も「自分にはレズビアンの素質があるかもしれない」と言っていましたし、同性愛を否定はしていませんでした。でも、彼女の望んでいたのはいわゆる普通の生活であり、世間の枠の中からはみ出さずに生きていきたいと言っていました。そして「どちらかが男だったら、本当の恋人同士になっていたかな?」と、その頃の私にはとっても不思議なことを言われました。私にはそれは全くない発想でした。自分はレズビアンだという自覚はまだありませんでしたが、私は女として女の彼女（男ではなく）を愛しているという自覚はありました。また、私はセクシュアリティ以前に、社会の常識に囚《とら》われない自由な生き方をしたいと思っていました。私たちは根本的なところで違っていて、そんな二人が将来的にも結ばれる可能性は少ないのだと、私も少しずつ理解していきました。彼女への恋心は高校卒業後、徐々にフェイドアウトしていき、今では何でも話せる親友となりました。彼女は望み通り専業主婦となって幸せな日々を送っています。

その後、私はある美術学校で、デッサンの勉強をしていました。私はここで、後に結婚することになる男性と出会ったのです。二〇歳になったばかりの私にとって、ずっと年上の彼は「お兄さんのような人」という印象でした。彼との初めての会話の中で、何と「私は女の人のほうが好きで、男の人に興味がない」とカミングアウトしていたのです。彼はそれに対して、「君はまだ子どもで男性の素晴らしさを理解していないだけだ」と真っ向から反論してきました。私は自分のアイデンティティを侮辱されたことに怒り、興奮のあまりしまいには涙を見せてしまいました。

この初めての出会いで、自分をさらけ出してしまった私は、今まで敬遠していた男性だということにもかかわらず、彼に対しては何でも話せるような気分になっていったのです。私はもともと芸術に携っている人が好きなので、彫刻を創っている彼が魅力的に映ったのだと思います。それに彼と高校時代の彼女はそっくりで、彼女に「私に似ているから好きになったんでしょう」と指摘されたことがあります。

私は男の人でも愛せるのだと、誰よりも自分自身に驚きながらも、バイセクシュアルを肯定していた私は、そんな自分を受け入れることができたのです。そして数年間の交際の後に、私たちは結婚することになりました。私は好きな人とはともに暮らしていきたいと望み、相手は男性なのですから何も迷うことはありませんでした。その頃、私はいくつかの職業を経て、それまで趣味で踊っていたダンスのプロになるための見習い中でした。彼は彫刻では食べていけないため、一八〇度転換して私のダンスパートナーになることを選び、同じ教室に勤務することに決めたのです。見習いのお給料はとても安くて、周囲からもずいぶん心配されましたが、私には彼とともに好きなダンスを踊れるということだけで幸せで、心から彼に感謝をしていました。こうして新婚生活が始まり、勤務時間以外にも、時には深夜まで練習する毎日が続きます。最初の数年間は彼との暮らしが楽しくて、ダンスに明け暮れる日々が充実していました。

それなのにときどきふっと初恋の彼女のことや、今までに付き合った女性のことを思い出して、とても懐かしく女性が恋しい切ない気持ちになったりしました。「私はやっぱりバイセクシュアルではなくて、レズビアンかもしれない」——私はその答えを見つけたくて、同性愛の本を読み、新宿二丁目へ行って、お店に入れずに帰ってきたこともあります。「アカー」にも連絡を取って、お茶会にも一度だけ行きました。スタッフの方がとても親切に応対してくださったのですが、私は自分が既婚者なのが後ろめたく、半端なことはやめようとレズビアン・コミュニティへは参加しないことにしました。

そしてセクシュアリティのこととは別の、さまざまな不満が彼との間に出てきました。それらは離婚に至る普通の夫婦の問題と変わりなく、経済的なことや家事の分担、生活習慣の違いなどでした。ダンスに関しても、コンテストの成績は上がらず、私たちは喧嘩を繰り返して、精神的にも肉体的にも疲れ果てていました。それでも私は好きなことを仕事にしているのだし、世の中何もかも手に入れることはできないのだから、我慢しようと思っていました。また、彼の彫刻家への道を変えさせてしまったことに対する責任感もありました。そして三年ほど悶々とした日々が過ぎ、私は心の渇きを感じていました。生活諸々の事情は話し合っても好転せずに、それよりも私の中で「女性のほうが好き」という気持ちが抑えきれないものとなっていき、ついに私は彼と別れる決心をします。「女性の恋人をつくり、彼女とともに生きていこう」――この思いが強く湧き上がってきました。さまざまな葛藤がありましたが、私は自分が死ぬ時に後悔しない人生を送りたいと思ったのです。

❖壮絶だった離婚までの道のり

私はこのとき三〇代前半になっていました。今後の生活のため、出張レッスンなどで収入を増やすことにしました。そして自分を隠さずにつき合える、レズビアンの友達をつくりたいと思っていました。そんなとき、「ラブリス」というミニコミ誌の文通欄に「新宿二丁目に行ってみたい方、私がご案内します」という記載があり、私は「これだっ！」と直感して手紙を送ったのです。そして出会ったのが現在の私の恋人です。いま振り返ると、私がこの時連絡していなければ、この後の修羅場もなかったのですが、やはりこの出会いは運命だったとしか思えません。この時、私は彼と別れてから恋人を探そうと決めていましたが、何でも相談できる友人が欲しかったのです。また二丁目のお店へ行くことで今の状況をふっきり、何か自分に「勢い」をつけたいような気持ちがありました。

ところが二丁目デビューのこの日、初めて会った彼女とは、すぐに恋に落ちてしまったのです。何度か会ううちに、私たちはどんどん惹かれ合っていきました。そして彼女との初めてのセックスは思い描いていた以上に素晴らしく、この柔らかくて滑らかな肌の触れ合いこそ、私が望んでいたものだったのです。それからしばらくして、彼女には付き合っている女性がいることを聞きました。でもすでに私たちは離れ難い気持ちになっていて、ためらいながらもこのままつき合うことにしてしまいました。こうして私は泥沼とわかっていて、足を踏み入れてしまったのです。それから約半年後、ますます私たちの愛は深まり、ついに「お互いの相手とは別れて、一緒に暮らそう」と誓い合いました。

私はこの半年間、彼とは何度か別れ話をしていましたが、一向に進展せず、この日初めて女性の恋人がいることを打ち明けました。私は今までのことを謝り、「別れてください」と言いましたが、彼は呆然と「女が好きだなんて信じられない。絶対に許さない」と拒絶しました。この夜から家庭内別居を始め、週の半分は彼女のマンションへ泊まりに行き、私が行かない日は彼女の恋人が泊まって、それぞれに別れ話を進めるという、生きた心地のしない日々を過ごしていくことになりました。

私は彼女の恋人とマンションで鉢合わせしてしまい、彼女と三人で過ごすこともたびたびありました。「友達としてでも付き合いたいの。私を一人にしないで」と号泣し、懇願する彼女の姿に、私は心から申しわけないと思い、友達になるということを納得せざるを得ませんでした。そんなある夜、彼女の恋人が部屋を飛び出して行った時のことは忘れられません。「友達に戻る」と言っても、感情がすぐに切り替えられるわけはなく、彼女はその状況に耐えられなくなってしまったのです。ほどなく彼女は見つかりましたが、私たちはその間、「彼女は死んでしまうかもしれない」と恐ろしくてたまりませんでした。真冬の深夜のことで、彼女は朝まで泣きじゃくる恋人を暖めていました。私は自らを省みて、神様に彼女の無事を感謝して目を閉じました。

さてこの同時期、私は彼とも辛い日々を過ごしていました。「今までやってきたことが全て無駄になってしまう」と、彼は怒り悲しんでいました。一生側にいると思っていた私が去って行こうとしているのです。冷静な話し合いになるはずはなく、彼は何度もよりを戻そうとしましたが、私はそれを拒み、そんな夜が何カ月も続き、ろくに眠れぬまま仕事に行っていました。私の神経も参ってしまいそうでしたが、こんな酷い仕打ちを彼にするなんて、「私はきっと地獄に落ちるだろう」と思いました。

それではなぜすぐ家を出なかったのでしょうか。「せめてあと半年は出ていかないで欲しい」という彼の願いを聞き入れなければ、彼は自殺するかもしれないと私は心配していたからです。もしかしたら私も彼女も殺されるかもしれないとさえ感じていました。私は悩み果てた末、ある有名な占い師の許へ行きました。「もしいま無理に家を出たら、ご主人は死ぬかもしれません。でも八月には別居、その後で離婚することもできます」と、占い師に心配事を言い当てられ、そして希望の光も見えて、私はこの占いを信じ込み、心の支えにしていました。

その八月までもうすぐの五月の頃のことです。彼女は、「恋人が別れられないと言ってきた。もうあれだけ傷つけてきたのに……これ以上拒みきれないと諦めてしまったんだ」と、よりを戻したことを告白したのです。彼女を信じていた私は、裏切られたことにショックを受けながらも、「人間には恋愛よりも大切なものがある」と言っていた彼女の言葉を思い出しました。「私も彼の許へ帰ろう。あれだけ別れたくないと言っているのだから。家族としての情もある」――私たちはこうして一度は別れようとしました。

でも彼女の恋人は、彼女がひどく悲しんでいるのを見て、自分から別れると言ってくれたのです。私たちはもう一度愛を確かめ合い、一緒になる努力を再び始めました。彼と三人で会った時は、警察を呼ぶ寸前の喧嘩となり、私の両親には彼から同性愛だと告げられて、離婚のことも大反対されました。その他さまざまな出来事がありましたが、その年の八月にはやっと家を出て、彼女と暮らし始めました。それは彼女と出会ってから一年が過ぎた頃です。

そして彼女は仕事として、彼とダンスを続けることを理解してくれたので、休んでいた彼とのレッスンを再開しました。私とパートナーを解消しても、彼が困らないようにと必死でした。そしてコンテストでも優勝することができたのです。彼の事情により、離婚の話はなかなか進まずにいましたが、別居から二年半後、彼の再婚が決まり、私と離婚することになったのです。そして離婚後にダンスパートナーを解消することも約束しました。私は彼女が辛抱強く待っていてくれたことを心から感謝しました。「やっぱり占いの通り、時が来るのを待って良かったね」と彼女もとても喜んでくれました。その夜は数々の想い出が浮かんできて、涙が止まらず眠ることができませんでした。

こうして私たちは大きな困難を乗り越え、出会ってからもう八年になります。愛情と絆はいっそう深まりました。彼女は私の生きる支えになっています。別れさせてしまった二人のことはときどき思い出して、どうか幸せでいてくださいと祈るような気持ちでいます。反省することはありますが、後悔することは何もありません。二人で過ごす日々はとても楽しくて幸せです。これからも一生仲良く暮らしていきたいと思っています。

　そしてそんな将来のことを考えると、同性婚やパートナーシップ制度のことも気になります。日本でも実現するようにするために、セクシュアル・マイノリティの存在を社会に知らしめていく必要があるでしょう。「レズビアンはいる」ということを……。そういう意味でも、この原稿を書かせていただいたのは、私にとって大切なことだったと思います。

　私は一〇年以上、ダンスという特殊な世界にいますが、近ごろはゲイであると公言する、世界のトップダンサーも増えてきました。私にはだんだんと居心地が良い状況になってきましたが、それでもレズビアンがゲイと同じように容認されているというわけではありません。ですから、セクシュアル・マイノリティの私たちには多くの場が必要だと思います。私はこの二年間、レズビアンの友人が主催するお茶会に、スタッフとして参加させていただきました。これはとても良い経験でした。私も数年前、あるお茶会に勇気を出して参加することで大切な友達ができました。大勢の仲間に会うことで、孤立せずに自分の世界も広がっていくのではないでしょうか。そしてレズビアンの皆が幸せに生きていけるように、私もほんの少しでもお手伝いしていければ、と思っています。

第Ⅳ章

座談会　それぞれの「性」を生きる

《出席者（発言順）》

✳伊藤　悟《さとる》＝ゲイ＝男性同性愛者・「すこたん企画」主宰

✳大江《おおえ》千束《ちずか》＝レズビアン＝女性同性愛者・「LOUD（ラウド）」運営スタッフ

✳野宮《のみや》亜紀《あき》＝男性から女性へのトランスジェンダーかつトランスセクシュアル・TNJ（TSとTGを支える会）運営メンバー

✳虎井《とらい》まさ衛《え》＝女性から男性への性別適合手術を受けたトランスセクシュアル・ミニコミ誌「FTM日本」主宰

伊藤　今日は、ここに、本当に多様なセクシュアリティの方に集まっていただいています。身体の性と心の性が一致していて、異性を恋愛対象にするのが当然とされているいまの社会の中で、さまざまな抑圧を受けながらも「自分らしく」生きようとしている方たちです。詳しくはこれからそれぞれの方に語っていただくわけですが、みなさん、時間をかけて自分の性のあり方を肯定的に受け入れ、それを公表して、周囲と新しい関係を創り出し、ネットワーク作りなどの活動を地道にされている方たちです。さらにもう一つの共通点は、新しい視野でパートナーシップを築いていらっしゃる人たちだということです。

今日は、私が、司会も兼ねて進行役をさせていただきますが、いままで、こうしたメンバーで座談会をやるというのは、やっているようで、実はあまりやられていないんですね。多様な性を多くの方に知っていただくだけでなく、当事者同士の交流の第一歩としても、意義のある座談会になればと思っています。

そこでまず最初、みなさんが心から自分を肯定でき、「ありのままの自分でいいんだ」と思えたのはいつごろなのか、それはどんなことがきっかけだったのか、というあたりから話を始めたいと思います。

伊藤 悟さん

❖大きかったパートナーの存在

伊藤　まず私自身についてですが、私は、ゲイ＝男性同性愛者で、一九九四年に現在のパートナーと、同性愛に関する正確な情報を発信していく団体「すこたん企画」を立ち上げて、講演・イベント・文字情報の提供・ウェブサイト・カウンセリングなどさまざまな活動をしています。

私の場合で言いますと、自分が同性を好きになる気持ちを「それでいいんだ、それで何も後ろめたいことはないんだ」と思えるまでには、すごく時間がかかりました。いまでも実はそれほど変わっていない部分もあると思うのですが、同性を好きになるなんて人間じゃない、おかしい、みたいな言われ方を周囲の人間やメディアから聞き続けると、自信や自尊心がなくなっていくんです。それでも何とか自分を保っていくために、必死に勉強したり仕事をしたりしていても、どこかで「どうせお前は世間に受け入れられない変な同性愛なんだ」という声がして、ひるんじゃうんですね。だから、自分の意見を言えなかった。感情も表現できなかった。

とりわけ、思春期以降ずっと、周囲の人と雑談をする時に、恋愛が話題になると、「どんなアイドルが好き？」「彼女はいないの？」といった軽い質問にさえ、異性を好きになる「もうひとりの自分」をつくって、心にもないことを答えざるを得ないのはしんどかったですね。そうしないと自分の属する集団から排除される可能性があるわけですから。つまり、集団の中で楽しい時間が全く持てないんです。

今でもやはり時どき後ろめたい気持ちが顔を出すことはあって、講演会やメールなどで同性愛に無理解な人の発言に出会ったりすると、ひるむときもあるわけです。それは自分の精神的、肉体的コンディションにもよりますけれども、やはりまだわれわれは受け入れられない存在なのかな、と思う瞬間もあります。

そんな中で、少しずつ周囲にカミングアウトするようになったけれど、「同性が好きでもいいいんじゃないの」という程度の反応では、なかなか自分の中ではスッキリこない。それに、時として同性愛について説明するのに莫大なエネルギーがいる。それも何度も何度もあって疲れてしまうことさえある。自分のセクシュアリティについて説明しないでもわかりあえる存在、つまり同じ同性指向の人に出会うことは、自己肯定への始まりでした。そして、私の場合、さらに自分を心から肯定できたというのは、パートナーとの恋愛関係によるところが大きいんですね。

三二歳のときに今のパートナーと知りあって付き合っていく中で、自分を肯定的に受け入れ愛してくれる人がいる、という実感を持てて初めて、自分は生きてていいんだ、自分に自信を持っててていいんだと思えました。ある時期からだんだんお互いの欠点もわかってきて、ケンカもするようになるけれど、それでも、そういう欠点も含めてお互いの存在をまるごと受け止めあう、そういう関係を創ってきてやっと、心から「ありのままの自分でいいんだ」と思えるようになったわけで、出会ってからもずいぶん時間がかかっています。長い間、ずーっと自分を肯定し受け入れ続けてくれる人がいないと癒されなかったんです。

みなさんはいかがでしょうか? このお話のあと、現在、そして未来へとつないでいきたいと思います。

❖レズビアン・コミュニティでの出会い

大江 大江千束と申します。一九九五年に、東京都中野区にあるマンションの一室を借りて、レズビアンとバイセクシュアル女性のためのフリースペースとして「LOUD(ラウド)」が創設されました。ボランティアで、そこの運営スタッフをしています。私自身もレズビアンで、今はパートナーといっしょに生活しています。
ありのままの自分、自分がレズビアンであることを受け入れたのは、私の場合、段階があるような気がします。一〇代の頃はそれこそ今のように情報がなかったので、コミックスですとか、あるいは小説ですとか、そういうものの中にファンタジーとして自己投影していました。ただ、そのファンタジーも残念ながら女性同士のものが非常に少なくて、その当時は男性同士の性愛も含めたマンガであるとか小説であるとか、そういうものに、ファンタジーとともに自己投影をしていました。

そのときは幸せなんですね。それは、しょせん作品でありファンタジーであるわけですから、なかなか現実味はないんですけれども、そういうところに身を置くことで、自分が同性に魅かれる気持ちのバランスをとっていたような気がします。

そうこうしていくうちに、実際に好きな人物ができるわけです。私の場合は、同級生でした。その同級生に心底自分の気持ちを受け入れられたわけではなかったんですけれども、例えば友だち以上に仲良くなれるとか、親密になれるとか、そういった状態で満足すればいいんだって、自分でその中に押し込めるわけですね。やっぱりそれ以上求めたら関係性は崩れてしまうから、今思うと危ういところでバランスをとっていたような気はします。

最終的に自己肯定できたというのは、レズビアンのコミュニティに出入りして、自分とセクシュアリティを同じくする女性たちに出会ったときだと思います。

大江　千束さん

伊藤さんがおっしゃったように、確かにパートナーの存在というのは非常に大きいんですけれども、私の場合、きちっとパートナーシップを組む相手に巡り会うのが、三〇をずいぶん過ぎてからだったんですよ。

それで、コミュニティに出て、もういっぺんある意味では解放されて、「レズビアンアイデンティティをしっかり持っている人と付き合いたい」という気持ちになって、あんまり考えなしに付き合ってしまって、自分の思うような相手ではなかった、という経験もありました。その後、パートナーシップを組める相手に出会いましたが、本当に自分を丸ごと受け入れてくれる相手という意味では、かなり遅かったのではないかな、と思います。

❖正確な情報を得ることの大切さ

野宮　野宮亜紀です。「TSとTGを支える人々の会」という会があって、今後の正式名称は「トランスネットジャパン（以下TNJ）」とする予定ですが、その運営メンバーをしています。この会は、性同一性障害やトランスジェンダー、トランスセクシュアルの自助支援活動を行う会です。私自身、性同一性障害を持つ当事者で、自分を女だと思っていますし、女性として生活していますが、戸籍上は男性という立場です。

小さい頃、自分が「男の子」に分類されるということは知ってました。周りからはよく「男の子らしくない」と言われていて、ただ、それはほめ言葉ではないということがわかってましたから、嫌でしたね。思春期になると、はっきりと「周りから女と見られたい」と思ってました。でも、学校や家族の前ではそんなことは口に出せないので、行動に出ることはありませんでした。同級生から「オカマ」と呼ばれていじめられたこともありました。自分では女っぽくしているつもりはなかったので、何故なのか全くわかりませんでした。ただ、本当はほかの女の子のように振る舞いたくて、肉付きがどんどん男っぽくなってくるのも嫌でした。

私は、恋愛の対象が女性なので、自分の意識の中では自分を「トランスジェンダー」かつ「トランスセクシュアル」で、またレズビアン（女性同性愛者）だと思っています。ただ、若い頃は知識がないので、自分が何なのか全くわかりませんでした。やはり、男性が好きな男性が、俗に言う「性転換」をするんだろうというふうに思っていて、何もかもごっちゃになっていました。

MTF（男性から女性へのトランスジェンダー）で男性が好きな場合、自分を最初ゲイ（男性同性愛者）だと思って、でもほかのゲイの友人とは違うと思って悩む人がいるようですが、私の場合は、女性が好きなので「自分はゲイではないし、女装趣味なのだろうか」などと悩んでいました。

野宮 亜紀さん

自分を知るという意味では、TNJと出会ったのが大きかったと思います。自分自身の性別のあり方と、恋愛の対象がどちらかということは別の問題だといった話などをその会で知り、自分を女と位置づけることもできるようになって、とても楽になりました。

あともう一つは、伊藤さんや大江さんの話を聞いていて、確かにそうだなって思ったんですけど、パートナーの存在は大きいと思いますね。毎日、生活してると、仕事のストレスもたまりますし、その上、自分がセクシュアル・マイノリティであることから来る不安もあります。そういうときに家に帰って、自分を受け止めてくれる誰かがいるって思えることはすごく支えになりますね。

❖ペニスをつけてはじめて「本当の自分」に

虎井　虎井まさ衛と申します。一九八九年にアメリカで女性から男性への性別適合手術を終えました。その頃はまだ性同一性障害という言葉もなかったんですけど、最終的な手術の二年前、一九八七年から『朝日ジャーナル』（現在は廃刊）を皮切りに、いろいろなメディアで今で言う性同一性障害とはこういうものなんだ、というようなことを訴え続けてきました。一九九四年に、当事者への情報の提供、当事者同士の出会いの場としてのミニコミ誌「FTM日本」を立ち上げ、今も継続しています。

私は、ありのままの自分でいいんだと思えるようになったのは、それは端的に言って「ペニスをつけたとき」ですね。

私は二、三歳の頃から「大きくなったらオチンチンが生えてきて、男の身体になっていくんだ」と思っていたんです。なれないとわかったのが、小学校五年のとき。そのときに「こんなふうに思う自分は何なんだ」なんて葛藤したことは一度もなくて、「じゃペニスをつけちゃえばいいじゃん」って。そのことだけしか考えなかったんです。反対するものがいたら、親なり家族なり国なり全部斬って捨てて（笑）、自分は一人でいいから生きていっちゃえ、と思ったんですね。とにかく何とかして金をためて手術を終わらせればそれでいいんだと。実際、それをやったらそれでよかった（笑）、それで終わりという感じなんです、本当に！　もちろん法的な問題はあるのですが。

手術前は鏡を見るのも、風呂に入るのも嫌。自分をとにかく見たくなかった。着替えさえも嫌だったんで、朝、目が覚めたとたんにユーウツになるんです。胸のふくらみが耐え難くて、炎天下でもサラシを巻いて歩いてたんで、よく熱射病になったり、髪や肌の美しさを減らすために、臭うようになるまで顔も頭も洗わなかったりとか。高い声で話をするのが嫌で、電話もとれない、レストランで注文もできない。乳房、声、月経、毎日が苦痛の明け暮れだったんです。しかしその苦しみも「時期がきて手術を受ければ、全部終わる」と信じてたんですね。

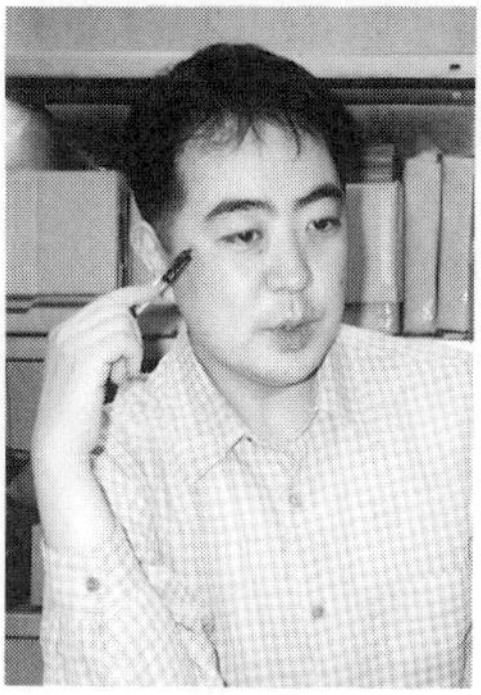

虎井 まさ衛さん

それで、そのときの医療技術では、ペニスはつくにはつくけど勃起もしなきゃ、どうもできない、ということを読んでたのが八〇年代初めで、まだ一〇代の後半。ペニスが自分にとってどういう意味があるのかとか、一切考えたことはなくて、とにかくつけりゃいいんだとか思い込みまして、全く空っぽ頭だったんですね。望みばっかりあって、馬車馬で（笑）！

当時の日記を読むと、ノートに線を引いて二つに分けて、こっちが日常生活、こっちが精神生活みたいなことが書いてある。手術が終わって一〇年以上経った今になって思えば、そのときの日常生活じゃなかった部分、読んだ本とか聴いた音楽とか、そういったことは非常に大事だった。でも一方、日常生活では、胸とっちゃうまであと幾らかかるかとか、そんなことばっかり書いてますね。自分の生活はなかった。大江さんが言われたように、それこそファンタジーの中というか……。で、現実の生活というのは、ペニスがつく前と後では全然違う。ペニスをつけたそこから、本当の生活が始まったというか……。

伊藤　そこで初めて自分ができたみたいな？

虎井　そうですね。あの頃はイメージの世界だけがバラ色なんですよ、夢の世界だから。でも日常生活は、白黒なんです。それが手術が終わってから初めて現実が結びついて、やっと色がついた。「性同一性障害」という言葉が定着したのが、自分が手術をして何年も経ってからだったから、やっと今現実が追いついてきた、というとおこがましいですけど。

❖職場・同僚たちの心ない言葉に傷つく

伊藤　「ありのままの自分」を受け入れても、私たちは、いままさに生活している現実の中でさまざまなハードルにぶつからざるを得ません。そのへんを聞いていきたいと思います。

私に関して言えば、カミングアウトする前は、仕事に自信が持てず、自分の意見や感情を表明できなくて、不利益になることがたくさんありました。実際に、ある予備校の講師をしていて、経営者が替わりリストラがあったとき、私が採用されなかったことがありました。あとでわかったのですが、それは、そこに残りたい別の講師が「ゲイの講師がいると世間にまずい」などと経営者に中傷したためだったんです。

ですから、いま同性愛者であることをカミングアウトして大学の非常勤講師をしていることなど、ちょっと前では全く考えられませんでした。でも、活動を続ける中でまだまだ変わっていないなと思うことがたくさんあります。例えば、私たちの想い、特に感情表現は、なかなか伝わりにくいんですね。

数年前、講演中に、かつて周囲から「『ホモだち』がどうのこうの」ってからかわれたときの悲しさを思い出して泣いてしまったことがあったんですが、それに対して「あれはうそ泣きだ」と言った人がいたんです。そういった異性愛の男性は、そんな些細なことで男が泣くわけがない、だから、ゲイが大変だということを誇張して伝えるためにわざと泣いたんだろう、と考えたようです。このショックから立ち直るのには相当時間がかかりました。

最近では、ある団体の中で、私たちのことを「オカマの人たちは……」と興味本位に紹介されたのに対して怒りを表現したら、「自分の意見を通すために、作戦でわざと怒ったんじゃないか」と言われました。

ある感情表現がされた時、どうしてそうなったんだろうとは考えてくれなくて、私たちの心からの「うれしい」「悲しい」「腹立たしい」っていう感情まで否定する人がいるのは、とても寂しいと思います。

いずれにせよ、最近は多少変わってきたとはいえ、世間ではまだまだ異性同士が出会って、恋愛なりお見合いをして結婚して、婚姻届を出して、披露宴をやって、家庭を作って、子どもをつくって、という縛りが非常に強い構図があり、ドラマやワイドショーも、そしてニュースも作られていくわけですよね。そういう異性愛がアタリマエだという世の中で、仕事や活動をしていて、どんな壁やプレッシャーに当たるか、そしてみなさん、それをどう乗り越えているか、というお話をそれぞれの立場からしていただければと思います。

大江　私は、現在は契約社員という形で勤めています。社会のことを何も知らなかったまだ二〇代の前半のとき、学校を卒業してすぐに就職した会社というのは、社内恋愛とか社内結婚が多くて、女子社員の八割強が社内の男性と結婚していくという会社だったんです。そうすると、「大江さんの相手はいったい誰？」みたいな噂が勝手に先行するのね。その当時も私は女性が好きだったわけですから、当然会社の男性の誰とも付き合っているわけないのに、勝手な噂が立ってしまったりするわけです。

私はなるべく気取られないように振る舞ってはいたんですけれども、あるとき、社内のある男性に交際を申し込まれたことがあったんです。このときどうやって断ればいいかなって思ったんだけれども、つい勢いで「私、女性が好きなんで、お付き合いできません」とはっきり言ったんですね。その男性はきょとんとしていましたが、その場は一応、付き合うことをきっちり断れたわけです。

そんなふうにちょっと危うい橋を渡りながらも、私自身は、レズビアンとして生きていくということは、一生自分で身を立てて生きていくことだろうとその頃は理解していたんで、仕事はまあ一生懸命やろうと思っていました。

その会社には、業務表彰といって、成果が上がった人を表彰する制度があって、それに通ったことがあるんですね。そうしたら、今まではわりと感じがよかった社内の男性たちの態度が、ガラッと一変したんですね。大江さんはある程度仕事をこなしている、という評価が会社から出てしまうと、「ああ、大江さんっていう人は眼鏡かけててブスだし、あれじゃ男もいないんだろう。だから一生懸命仕事やるしか仕方ないんだな」みたいな噂をするわけですよ。

それには私も傷つきました。そこから回復するのにすごく時間がかかりましたよね。若い頃でしたから、私も知識がなくて、言い返すこともできないで、傷つく一辺倒だったんですけれども。

女性の場合は、年齢が上がってくればくるほど、特に会社に勤めていると、「彼氏いるの、いないの?」とか、「結婚しないの、できないの?」とか、そういう問題って常に突きつけられるんですよ。最初に入った会社にも、もう何十年と勤めてらっしゃる年輩で独身の女性がいらしたのですが、みなさん特別扱いというか、会社の同じ仲間という扱いをしないのね。もう妖怪か何かのように、自分たちとは全く違う人間なんだっていう見方をしているところがあって、非常に残念でした。優秀な女性もたくさんいたんですけれども、そんな会社ですから、みなさんそこそこで辞めていかれました。

最近の私はどうかと言いますと、もうかなり胆もすわってきまして、ちょっとのことでは、会社でそういうことを言われても、そんなにへこたれはしませんね。ただ、誰彼かまわずに自分がレズビアンだということをカミングアウトするのは、なかなか難しいです。

今の会社は、一応外資なものですから、本社のほうではセクシュアリティに関する差別はいけないみたいなことはあるんですけれども、日本の、私がいるところでは全くそういうことは浸透していない感じです。ただ、チームで仕事をしているので、いっしょに仕事をしている人たちにはカミングアウトしています。一応理解はしてもらっていると思います。もし今の会社で、セクシュアリティの問題で何か差別的な扱いを受けるようなことがあったら、とことん出るところに出て闘おうという気ではいます。

❖職場で性別の移行を認めてもらう

野宮　私は、今の会社に最初は男性として入社して、何年か仕事をしていたわけですが、それと並行してプライベートでは、女性として生活し、人間関係も築いたりしてきたわけです。それで、やはり男性として仕事を続けるのはかなりつらいなって気持ちがつのってきたんですね。

例えば男性として働いていると、お客さんのところに行くときはスーツを着てネクタイを締めないといけないんですけど、それが嫌で、客先に着くまではネクタイを外して、玄関を入る前でネクタイを締めるとかいうようなこともしていました。まあ、ネクタイをとれば、女性のマニッシュな服装に見えなくもないですから。玄関を出てタクシーに乗ると「お姉さん、どちらまで?」みたいな感じで、でも客先では男性として振る舞わないといけないので頭の切り替えが大変でした。トイレも、男性の同僚と一緒に入るのは辛いなと思って、個室を使って、ほかの人が入ってきた足音が聞こえると、いなくなってから出る、といったことをしてました。

そうこうするうちに、たまたま部署が変わるという話があって、新しい部署で再び男性として新しい人間関係をつくっていくのはもう耐えられない、であれば女性として働きたいと思ったんですね。それで、会社に、「自分は今こういう状況にあって……」という話と、性同一性障害についての説明をしました。

そのときは、たぶん上司にかけ合っても難しいだろうと思って、人事部の人に直接話をしたんです。つまり、直属の上司は、これまで私が、曲がりなりにも男性として働いているところに接しているわけだから、そういう人にいきなり「女性として勤務させてください」と言っても、おそらく理解できないだろう。そうではなくて、むしろこれまでほとんど面識がない人事部の人のほうが、逆に理解してもらいやすいんじゃないかということ、あと人事部の担当者だったら、人権問題にもある程度予備知識があるんじゃないかということもありました。

それで、人事部の人と二人だけで会ったんですが、とりあえず自分で説明する必要があると思って、資料をたくさん用意しました。初心者向けから、専門的な記事まで、学会誌、新聞記事、会の資料と、積み上げると何センチにもなるような資料を持っていったんですよ。それを見せながら、「これはこういう意味で」「自分はこういう立場で」という説明をして、認められやすそうなところから、認められにくそうなことまで順番に箇条書きで書いたものも渡して、結局のところ「自分はこうしたいんです」という話をしたんです。

その結果、トイレの利用ですとか、服装、女性名の使用といったような、ほとんどの希望が聞き入れられて、女性として勤務する形になりました。それが三年くらい前のことです。

伊藤 それをやるには、かなり多大なエネルギーが必要だったんじゃないですか。

野宮 たぶん会の活動をしていなかったらできなかったと思います。異動した先にも、以前いっしょに仕事をしたことがある人がいたり、あるいは前に同じ部署だった人が異動でやって来て、同じ部署になったりすることもあるんですけど、不思議とそんなに抵抗はないですね。今まで付き合いがあって、これからも付き合っていく人には、事情を説明して、なおかつ口外しないでくださいということも言って、一応理解してもらっています。

抵抗ある人もいるかもしれませんが、そういう人は特になにも言わない、立ち入らない、仕事上の最低限のコミュニケーションはするけど……みたいな感じなのかもしれません。昔から仲がいい人については、ほとんど問題はないですね。

虎井　野宮さんの場合は男性から女性ですが、逆に、女性から男性（ＦＴＭ）の場合、男性として働きたいと言ったとき、男性のほうが賃金が上なのでだめです、といったことはあるんじゃないですか。

野宮　それはたぶんＦＴＭに限らず、男女差別がある会社では、基本的にＦＴＭもＭＴＦも認められにくいと思うんですよ。賃金に差がある場合もそうだし、男女で職種が違うような会社――例えば男性は外回りで、女性は内勤といったようなところだと、一人だけ特別待遇の社員をつくっちゃうことになるので、認めづらいでしょう。そういうところではＭＴＦの場合でも、言うだけムダというか、全然相手にされないみたいな話も聞いています。

伊藤　それにも関連しますが、最近「昭文社」（東京都千代田区）という出版社に勤めていた性同一性障害のMTFの社員が、女装などを理由に解雇されたのは不当であるとして、東京地方裁判所に仮処分申請をしましたね。それに対する判決がこの六月に出ました。地裁の判決は「解雇は無効であり、出版社側に来年四月まで月額二二万円の支払いなどを命じる」という画期的なものだったんですが、今度は会社側が、その決定を不服として、同地裁に異議を申し立ててましたね。

野宮　もし会社が懲戒解雇の理由として本人が「女装」していることをあげているのであれば、それはあきらかにおかしいですよね。

伊藤　日本では、そういうことをきちんと認めている企業は増えてきているんですか？

野宮　会社によりますね。本人がどういう形でそれを会社側に説明するか、その上で譲れること譲れないこと、いろいろあると思うんですけれども、そこでうまく接点が持てれば、認められるケースというのは出てきていますね。

伊藤　私は、一度ある外資系の会社の人権委員会の内部資料のようなものを見せてもらったことがあるんですが、人権を擁護しなければいけない対象の中に、被差別部落出身者、障害者、在日外国人はあっても、セクシュアル・マイノリティは全くないですね。会社の中に人権に関する委員会をつくっていながら、性同一性障害、同性愛といった、セクシュアル・マイノリティの存在が全く想定されていない、範疇にないわけなんですね。

そういう意味では、かなり会社によって格差が甚だしくて、しかし一方、アメリカなんかではずいぶんセクシュアル・マイノリティに配慮する会社もできてきましたけどね。野宮さん個人としては、今はそんなにストレスフルではない状態ですか？

野宮　そうですね。周りから差別的なことをされるとか、そういうことはないんですけど、ただ自分の中のプレッシャーはありますよね。例えば、特にセクシュアル・マイノリティだからとか差別だからとかでなく、単純に業績不振でリストラになる可能性というのは、今のご時世だから十分あるわけです。そういうときに再就職というのは、一般の人に比べると不利でしょうし、そういうことも含めて考えると、プレッシャーは大きいですね。

❖正社員への〝カベ〟

伊藤　虎井さん、いかがでしょう。

虎井　私の場合、職業に関しては、もともとすごいからだが弱かったんですよ。だから幼稚園にも月に一日ぐらいしか行けなかった。布団の上で本ばっかり読んでたんです。だから、三つぐらいのときには、もう本を書く人になろうって決めてたんです（笑）。

そういう希望というのはもともとあったんですけど、それと同時に先ほど話しましたように、小五のときから手術をしようという思いが膨らみまして、その志は一回も曲げずに、アメリカに行って手術をして帰ってきました。

　アメリカへは、大学の卒業式の四日後に行ったんですね。それで、帰ってきてすぐ次の手術に備えてお金を貯めようっていうんで、アルバイトに入りました。正式就職は初めから考えてなかったというか、たぶんできないだろうと思ってました。八〇年代半ばという時代的なものもあったし、作家になろうという気持ちもまだあって、大学時代はずっと文芸誌に投稿してたんです。それで、作家になったらバイトを辞めようとか、バカだったでしょ、ホントに（笑）。

　バイトは、男女のやることが全然違うところが好きで、もちろん男として工場に入りました。部品を入れる鉄のかごを組み立てたりたたんだり、材料や品物をトラックに積み降ろしたりの力仕事。女として社会に出たことって一回もないんですよ。

　昼間働いて夜になると小説を書いて投稿してたんですけど、何年やっても芽が出ない。この分だと一生バイトかな、生活は不安定なままなのかなとか思っていたところ、仕事はのろいんですけど、マジメだったので、正社員にならないかっていう話が再三出たんですね。だけど、住民票と保険証を持ってこいって言われて、持っていけばその性別でバレてしまう。「なれません」という押し問答を三、四回やったのかな、五年ぐらい務めたんですけど。

　そのうちにいよいよ三〇歳の声を聞くようになると、周囲もうるさくなってきた。「どうして結婚しないの？」「どうして就職しないの？」とかって話になって、見合い写真を持ってくるおばちゃんとかもいて。下町のおばちゃんって、世話好きな人はそういうのを持ってきたりするんですよ。「作家になる夢があって……」とおずおずと言おうものなら、「三〇にもなって、いつまでもそんなことやってんじゃないよ！」というようなことを言われてしまう。そういう親身なおばさんたちは大好きだったけど、「この先ずっとこんなことを言われ続けるのか……。ああ、ちょっとここもいられないかもなあ」と思い始めたんですね。

❖パートナーとの関係

伊藤　仕事や活動の上での話から、私たちの個人的な部分、特にパートナーシップについての話へ進めていきましょう。大江さんから話していただけますか。

大江　私がパートナーに求める関係性というのは、せっかく同性同士なのだから、いろんな要素を望めるのではないかと、ちょっと欲張りなんです。ときには友達であったり、姉妹、あるいは母親や子どもであったり、もちろん恋人であったりするとか。生活を共にする者として、できるだけいろんな部分を共有できる相手が、パートナーであってほしいと思っていました。

末永く続けられるさまざまなパートナーシップを私は望んでいましたので、そう考えると恋愛という情熱があるかどうかだけで相手を判断するのは難しいかな？　という感じです。過去に恋愛的な一時の盛り上がりで付き合ってしまった人とは、短期間で破局していますし（苦笑）。

いまのパートナーとは、不思議なもので一人でいるときよりも二人でいるときのほうが居心地のよい関係です。依存しているとかそういうことではなくて、言い方は適当ではないかもしれないけれども、自分の一部のような、そういう存在なんですね。だからパートナーがいないと自分に何か欠けているような感じがして変なんです。一人のときは緊張もあるからだろうけど、パートナーといっしょにいるときが一番落ち着く、自分らしくのびのびといられるような気がします。

野宮　いま大江さんの話を聞いて、「ああ、なんかすごい似てるな」って思ったところがありました。私も若い頃は、片思いで舞い上がったりということがよくあったんですけど、今は恋愛の盛り上がりとか、波瀾を楽しむみたいなことはあんまりなくて、それよりは自分が落ち着く人がいいかなと思ったりしています。いま隣にいるパートナーも、やっぱりそういう感じの人なので(笑)。

伊藤　お二人の話を聞いてて、私とパートナーの関係も似ているところがあるなって思いました。とにかく紆余曲折がいろいろありまして、今年で一六年になる関係なんですけど、今は恋愛モードというのはないんですが、一番信頼できる相手であり、つきつめれば死ぬときそばにいてほしい人って言い方になります。同居はしていないけれども、ほとんど毎日いっしょに仕事をして顔を合わせています。

ただ、お二人と違うのは、私の場合はまだ自分の中に「支えてほしい」という気持ちがあるんですね。初めの頃は、パートナーシップというのは、二人の人間がいたら、その二人が一体化することだって思ってたんです。私も三〇代になるまで恋人ができなかったし、ゲイの友だちを持つようになったのは二〇代後半ですから、自分の中ですごく幻想が膨らんで、恋人になったら行動もいっしょ、考え方もいっしょ、年をとった夫婦が顔まで似てくるっていう、そんなイメージを頭の中に描いていたんですよ。

ところが彼はすごく自立的で、若くして「個」をちゃんと主張する人だったんです。私のほうは一体になりたいから、例えば考え方が違ったら徹底議論して、それも同じになるまでしなきゃ気が済まなくて、お互いの違いを味わう余裕を持てるようになるまで、一〇年以上かかりました。パートナーといえども、やはり違う人間なわけです。違う「個」と「個」がぶつかり合うわけだから、何もかもいっしょにはなり得ないんですよね。彼があんなふうに行動し、私がこんなふうに行動したっていいじゃないか、それでもつながり合えるよ、と思えるようになったのが四〇代に入ってからでした。そういう意味では、まだまだお互いに修行が足りないかもね、なんて話を二人でしてるんですけれども。

❖「恋愛できる身体」になってから

虎井　私の場合は、ＦＴＭで、男としてコミュニケーションしたいんだけど、自分が「恋愛できる身体を持っていない」という思いがずっとあったんで、手術するまでは恋愛は対象以前の問題。人を好きになったりするのも三〇歳以降なんですよね。だからそれまでは、パートナーのこととかは、一回も考えたことがなかったです。

いまのパートナーとはどうやって知り合ったかというと、私、キアヌ・リーヴスが好きで、『キアヌ・リーヴス！』（青弓社）という本まで書いたんですね。その本を書いたときに、キアヌ・リーヴス好きの人からたくさんファンレターをもらって、その中の一人がいまの彼女だったんです。二年前にキアヌが来日したときにいっしょに追っかけをしたりしているうちに、いよいよ「これは魂の半身だ」と思うようになって。文通二年、清純交際一年やっている間は、全くそういう関係になるとは思ってなかったんですけど、何となく去年から熱い交際になりました。

将来的に求めるのは、戸籍制度が変わればまた別なんですけど、結婚の枠に組み込まれて、例えばどちらかがひどい病気になったときに病名を明かしてもらうとか、一晩中いっしょについているとか、そういうことが許される間柄になれれば、と思います。とにかく、われわれ二人の場合は、お互いの将来を看取ることが第一の目的みたいな……。あとは、それこそみなさんと同じように、空気みたいな存在でいっしょにいると、呼吸が楽みたいな感じかな。

悩みは、お互いに高齢の親を抱えているので、一カ月にいっぺんぐらいしか会えないこと。まだ恋愛モードがあるんで、やりたくなっちゃうんですよ（笑）。〝肉弾戦〟に入るまでに三年間、お互いじっくり心の内を明かし合いながら、互いの想いを深めてきたんですが、彼女の場合、セクシュアル・マイノリティではないので、これからどんどん私がＦＴＭの活動を主にしていったときに、彼女がそれをどう受け止めてくれるか、手伝ってくれと言い出していいものか、ちょっと考えちゃうんです。でもだからこそ、未来に期待したいと思ってます。

伊藤　虎井さんがおっしゃったように、パートナーシップを通じて未来にも期待できるっていうのはいいなと思いますよね。同時に思うんですけど、世間にある男女のカップルというと、「こうあるべき」というマニュアル的なワンパターン化したもの、というイメージが強烈にありますよね。でも、私たちの場合はどんなパートナーシップをとっても、自分たちでオリジナルな関係性をつくっていかなきゃいけない部分があるんですね。

私の場合で言えば、いわゆる男性が優位で女性が我慢するって行動パターンはいまだにいっぱいあるわけですけれども、自分が同じことをパートナーにやったら相手は当然のように反発するとか、以心伝心というのはどんなに仲良くなってもあり得なくて、言葉に限界はあってもちゃんと言葉で伝えないと伝わらないことがたくさんあるんだとか、パートナーシップから学んだことってたくさんあるんですね。

もし自分がゲイじゃなかったら、恋愛にしろ生き方にしろ、パターン化されたものに自分がはまっていても、それに文句を言う人はあまりいないだろうし、社会の仕組みなんかもずいぶん見えなかっただろうなって思うこともあります。

❖増えているメール相談

伊藤　そうした公私ともに「自分らしく」生きることに加えて、みなさんのやっている活動へと話を移していきたいんですけど、まず「すこたん企画」について話します。私とパートナーに加え、最近では四人のスタッフと、さらに数人のボランティアが加わって活動の幅が広がっています。手伝いたいという若いゲイが現れること自体がとてもうれしいです。

とはいえ、まだまだだと痛感するのは、私たちが自分のことを多数派に向かって説明し続けなければならない状況があるということです。すこたん企画に、学校のレポートや卒業論文などのために、同性愛に関する情報を求めてくる人がものすごく増えてきました。「ヨーロッパ系の言語などの文法的性に対して性自認の曖昧な人はどう対処していくのか」「環境ホルモンと性同一性障害・同性愛との関係は」といった専門的なものから「どんな差別があるんですか」というものまで、共通しているのは、同性愛者なんだから答えて当然だというトーンです。当事者の悩みなら別ですが、こうした質問にていねいに答えていたら身が持ちません。

どんなことでも説明を求められるんですね。もちろん、そのために活動しているのですが、異性愛については、誰も説明を求めない、ということとの温度差には気づいてくれないわけです。

いつも自分たちが何者であるかということを、自分も悩んできて、何度もしゃべってきて、自分を説得するのも大変なのに、人に何度も何度も説明しなければいけない状況っていうのは、まだまだ続きそうなんだなというのが、やっぱりしんどいなと思います。

一方で、インターネットの普及に伴って、一〇代の相談メールが増えてきています。「今まで自分はひとりぼっちだと思っていたけれども、すこたん企画のサイトに来て、自分一人じゃないんだということがわかってよかった」といったメールをもらうと、とっても励みになります。エネルギーをもらえます。もともと、情報を得にくい一〇代に情報を伝えたい、ということですこたん企画を始めたわけですから。

虎井　いまメールはすごくたくさん来ますね。メールの種類は二つあって、やっぱり多いのは質問ですね。非常に多いです。われわれ性同一性障害の場合は、「どこで治療してくれるんですか?」という具体的な質問が多い。TBS系で放映された「3年B組金八先生」に、性同一性障害の生徒、直（上戸彩）が登場したからかもしれませんけど、中学生のメールが非常に増えました。

私がミニコミ誌を始めたのは、手術を受けるためにアメリカに行っていたとき見ていたFTMのニュースレターがきっかけで、まだインターネットがない時期だったんで、自分でもこんなのやってみたらどうかな、こういうのはニーズがあるだろうと思って、ずっと頭の中で企画してたんです。工場でのアルバイトを辞めたらミニコミをやろうということを決意して、実際その通りにしました。それが今の「FTM日本」の始まりです。

それがとても相談が多くて、ふだん家にいるときは、六、七時間相談を受けて、あとの六時間でミニコミつくって、原稿書いたりしてるんです。元旦以外はほとんど毎日やってます。結局、振り返ってみると、朝から晩まで性同一性障害一色の十数年を暮らしていますね。そんな中で、「今晩、手首を切ろうと思ってた日に手紙が着いて、生きる希望を与えてくださってありがとう」とか、そういう手紙も非常にたくさん来るんで、そういうときにはやっててよかったなあと思います。

❖それぞれの活動つなぐネットワークを

野宮　TNJは、性同一性障害やトランスセクシュアル、トランスジェンダーの当事者を中心に、数名のスタッフで運営しています。できる範囲ではありますけど、勉強会や講演会の企画・運営を中心に、当事者への情報提供などをしています。催しのテーマとしては、医療関連、戸籍や法律関連の話が多いですね。
ちなみに、トランスジェンダーという言葉は、人によって使う意味合いがかなり違っているんですが、私はトランスセクシュアルや性同一性障害を含むものだと思っています。どちらにしても、一口にトランスジェンダーと言った場合、そこにはすごくいろいろな人が含まれていて、求めるものが人によって違うので、全てのニーズに応えるというのはなかなか難しいんです。すでに社会的に性別を移行して暮らしている人と、もとの戸籍の性別で働いている人ではかかえている悩みも違いますし、手術を必要としている人とそうでない人でも違います。

ただ、問い合わせが寄せられる中では、やはり医療機関を探している人が多いですね。現実に、きちんとした医療サービスを行うところが日本だと少ないし、マスコミで知った断片的な情報や口コミの情報で、詳細を知らずに受診して戸惑うようなケースや、トラブルに巻き込まれる人も多いようです。性同一性障害については、日本精神神経学会が定めた治療のガイドラインがあるんですが、それを知らない人も多いです。もっと広報的なことができるといいんですが、今は人数も少ないし、手いっぱいという感じでしょうか。

TNJでは実は、相談窓口は設けていないんです。ただ、現実問題として、電子メールでの問い合わせは多いので、情報提供という範囲に限って、できることはしています。それでも、当事者の方やマスコミの方から、こなしきれない量の問い合わせが来るので、お返事が滞ってしまうことも多いです。電話での対応は、本当にスタッフの生活や健康まで犠牲になってしまうという事情から、今はストップしてます。そういったあたりは、ほかの団体との連携もしていきたいですし、本当はやはり行政レベルでの対応や支援が望まれるところだと思います。

大江　私は、LOUDの運営に携わるようになって、かれこれ六年ぐらいになります。ホットラインの機能はありませんが、日々、問い合わせはあります。多くは、LOUDに行ってみたくとも、その一歩が踏み出せずにいる。あるいは一人で行っても大丈夫だろうか？　自分以外のレズビアンやバイセクシュアルの人たちは、どんな人たちだろうか？　と、そこには期待もあるけれど不安もあるという様子がうかがえます。LOUDはスペースを提供する場でもあるということで、いろんな方が訪れています。レズビアンの方、バイセクシュアルの方、あるいは自分のジェンダーアイデンティティやセクシュアリティがわからなくて、自分の居場所を探しに立ち寄られる方など。

そういう方たちを目の当たりにすると、あらためてLOUDの必要性や方向性を考えさせられるきっかけにもなります。いろいろなセクシュアル・マイノリティの方との連携や共生とか、そういったものをいっしょに考えたり、やっていけたらいいなあと思っています。

コミュニティに関して言いますと、インターネットが発達して、ゲイやレズビアンのサイトも、今はものすごい数があるんですよね。ですから、一〇代の方でもパソコンを持っていれば情報を手に入れられる。個人やカップルのサイトが数として圧倒的に多いと思うんですけれども、そこに集まることで、サイトの常連と呼ばれる小さなグループが有象無象にできるわけです。そうすると仲間や友達ができたということで、大方が完結してしまうんです。

ただそこから先、何が自分たちにとって問題なんだとか、何か活動していこうとか、活動している人たちはどういうことをやっているんだとか、そういうところに意識がなかなかいかないんですね。仲間ができて、楽しくて、友達や恋人ができたら、そこで完結してしまうという、その図式が非常に多いと思うんです。やっぱりそこから何か問題意識が発展していかないと、私たちの立場はなかなかよくならないし、社会に容認されていかないと思うので、その辺をちょっと憂いています。

伊藤　さらに、私たちそれぞれの活動をつないでいくネットワーク作りも大切で必要になってきています。とりわけ、すこたん企画で「最初はゲイだと思っていたんだけど、もしかしたら自分は性同一性障害なんじゃないか」という中学生の男の子からの電話相談を受けるようになってから痛感しています。私が対応していたんですけれども、ゲイとＭＴＦでは、同じセクシュアル・マイノリティではあっても、おかれている状況はかなり違うんですね。だから、悩みのいちばん深いところにはコメントが非常に難しいんで、ＭＴＦである同じ立場の野宮さんに助け船を出していただいたんですよね。あのときは、お電話ですごく有効なアドバイスをいただきました。どうしても外へスカートをはいていきたいという気持ちと「世間の目」との折り合いの付け方とか……。たぶん、これからはもっともっと、いっしょに協力してやっていかなければならない場面がたくさん出てくると思います。

❖若い世代に伝えたいこと

伊藤　最後にこれまで生きてきてよかったということ、これからこんな希望を持っていきたいということ、さらに若い世代に伝えたいことなどがあれば語っていただければと思います。

大江　私は子どものころから不思議に結婚に対する想いは全くなくて、結婚して主婦になったり母親になるということは、家事に追われて夫や子どもの面倒に明け暮れる、という解釈をしていたんですね。「どうして女の人は深く考えもせずに、そういう人生を送っていくんだろう」という疑問がずっとあって、おそらく、一二、三歳の頃だと思うのですが、「自分は結婚は選ばないだろう」って、漠然とそんなふうに思っていたんですね。そのときから、人間はいろんな考えの人がいるからおもしろいっていうのが自分の中にはあったかな。そういう原点が、自分のセクシュアリティがマイノリティであっても乗り越えてきた原動力になっているのかな、というふうに私自身は理解しています。

ＬＯＵＤにも、実に多様な方からいろいろなものを求められるようになってきましたけど、全てのニーズに応えるのはやっぱり無理だと思っています。上手に整理をして、当事者に向けて、あるいは非当事者に向けて、正しい情報を発信していきたいと思います。それにはやはり、当事者も変わる必要があると、私は思います。当事者自身に内在する同性愛嫌悪というのは、実はなかなか根深いものがあると感じています。自分が同性愛者であることを嫌悪してしまって自己肯定できないために、自分と同じセクシュアリティを持つ者と会うことを拒むことがあります。

「一生クローゼット（一九八ページ参照）でもいいんだ」ってあきらめてほしくないんですね。それはきちんとした情報が行きわたることで多少は解決できるかもしれないし、同じ当事者と顔を付き合わせて直接関わることでさらに解放されたりもします。ＬＯＵＤがそういう場であってほしいなと切望しています。

一方、若い人たちの中には、屈託なく自らのセクシュアリティを受け入れている人たちもいます。それは私たちの時代にはなかった姿かなと思いますけれども、まだ世の中はなかなかそこまで受け止めきれない人が大勢いるという現実もあります。その両方をしっかり受け止めつつ、当事者たちをサポートできたらいいなと思います。

野宮　法制度の問題で言えば、トランスジェンダーなら性別訂正の話があるし、レズビアン＆ゲイも含めてパートナーシップ制度の問題がありますよね。若いときは気にならないけど、年をとって、仕事をするにも身体が立ち行かなくなったときに、そういう制度の問題が自分に降りかかってくると思うんですね。それについてはやっぱり今からちゃんと活動していきたいなって思ってます。

あと、そのこととも関連するんですけど、若い人たちに言いたいこととしては、早いうちから仕事のことをきちんと考えて、人生設計を組み立てていったほうがいいよ、ということがありますね。人生設計というとなにか陳腐《ちんぷ》な言葉ですけれども。とくにトランスセクシュアルの場合は、身体のことで精いっぱいになっちゃって、なかなかそこまで考えられない、ということもあるんですけど、何をするにしてもお金は必要ですし、仕事がないことで精神的に追い込まれてしまう人もいます。やっぱり生きる知恵として、人生設計はある程度必要だなと思います。

❖実現したいサポートセンター

虎井　お金と時間がないんですけど、もしそれができたら、海外にあるような、大々的なサポートセンターがほしいなと思っています。そこにはもちろん専従の電話相談の人がいたり、あるいは、今日本ではあまりにも手術できるところが少ないので、日本のガイドラインで診断書を持った人には、海外のお医者さんも紹介できるようにしたいなと思っています。海外で手術をするに当たって言葉が不自由だったら、ある程度の渡航費ぐらい持ってもらうけれども、ボランティアで通訳についていくとか、そういう活動ができればいいなと。実現は難しいかと思うんですけど、それが最大の希望です。

それから、これは同性愛の方は別として、トランスジェンダー、トランスセクシュアルのことを話しているんですけど、今わりとカミングアウトして堂々とやっていく人がもてはやされつつある風潮にあるんですね。それはそれで非常に素晴らしいことなんですけど、いわゆる普通の男女としてひっそり暮らしたい人が、特にトランスセクシュアルの場合は多いので、そういった人を「卑怯だ」というような発言をする人がいた場合には、それはちょっとなあと思うんです。どう生きるのもいいじゃないかと。つまり、ひっそりと生活していきたい人も、カミングアウトする人も、あなたはあなた、私は私、ということで、お互いに悪い干渉をしないようになりたい。

ただ、それが難しいのは、野宮さんが言われたように、法制度にいろいろな不備があって、例えば手術は全部終わっていなかったら戸籍が変わらないとか、外見的にちょっと問題があると就職できないとか、そういう問題があるうちはどうしても他人に干渉したくなっちゃうんですね。手術していない人よりは手術した人のほうがマシだから、美人のほうがマシだから、という形でどうしてもけ落とす動きがあったりするんですね。だから、法制度そのものが改正されて、自分の望みが叶うようになっていけばいいですね。

私自身、手術をした当時は戸籍を変えることができるなんて全然思ってもみなかったんですけど、今は戸籍訂正の問題にも取り組んでいます。戸籍上の性と、心身や生活上の性が食い違うと、正式就職、住居の賃貸、各種カード類を作ったり、さまざまな契約をしたり、ということがものすごく難しいんです。結婚も不可能ですし。保険証の性別として扱われるのが嫌で病気を進行させることもあって、そのせいでＦＴＭの友人の一人がこの春、ガンで命を落としました。国によってはこういう人間への差別犯罪がとても多いので、まちがった性別のパスポートを持ち歩くのは命の危険を伴います。こんなに重い問題だということを、誰もわかってくれないんです、裁判所の人は！

ただ、戸籍の訂正は戸籍の訂正、性転換法で立法ができればそっちというふうに、どっちか一つにしなきゃだめというのは困るんで、どっちもできて、選べるようになったらいいなと思って。でもそれは、個人とか小さな団体で望んでいても難しいので、それこそマイノリティ全体の人にご協力いただいて、変えていかなければ！　若い人には、自由になった世界を手渡していきたいと思います。

やっぱり一〇代のトランスジェンダー、トランスセクシュアルって、治療とかカミングアウトのことしか頭にないし、それで精いっぱいだから、「広いビジョンで世界を見たまえ」なんて言っても無理だと思うんですよ。自分はそうなんだと言っても非難されない、言わなくても非難されない世界をつくって手渡すのが、特にわれわれの世代の、そしてここにいるわれわれの使命だと思うんです。

伊藤　法律面でも、例えばフランスやアメリカのバーモント州などでは、同性同士でも「契約」という形で登録すれば、結婚とほぼ同等の権利が選べるようになりました。一方で同性同士で結婚したい人はそれを選べばいい。そんなふうにたくさん選択肢がある社会にしていきたいですね。

それから、これまですこたん企画として、性教育を始めとして教育関係者の方に働きかけてきたんですけど、それに加えて企業も変わらないと、私たちのおかれている状況はよくならないわけですね。そんな想いもあって、これからは企業研修の中の一つに、セクシュアル・マイノリティの人権についての研修を取り入れてもらったり、といった新たな働きかけもしていきたいと思っています。

やっぱり最後に虎井さんから出た、コミュニティセンターっていうのは必要ですよね。アメリカのロサンゼルスやニューヨークにＬＧＢＴ（レズビアン、ゲイ、バイセクシュアル、トランスジェンダー）コミュニティセンターがありますけど、あそこなんかはミーティングをやるのも安く借りられるし、職業訓練もやってくれるし、演劇サークルが練習もできるし。

虎井　ビル一つありますからね。

伊藤　そうなんです。いろんなワークショップはあるし、勉強もできるし、映画の上映会もあるしということで、たぶんたまり場としても機能しているんですね。ニューヨークのＬＧＢＴコミュニティセンターでステキだなと思ったのは、初老のゲイカップルの横に若いレズビアンやゲイがはしゃいでいて、世代を越えた交流がうまくいっていて、とてもいい雰囲気なんです。でも日本ではまだなかなかコミュニティも成熟していないし、余裕がない人が多い。

ここにいるみなさんだって、やることが本当に多くて、やりきれないことがたくさんあるわけですよ。ＬＯＵＤも、すこたん企画も、ＦＴＭ日本も、ＴＮＪも、パレードの運営も、今の一〇倍くらい人がほしいというのが現実ですから。でも、そういう中で、少しずつでもコミュニティとしても成熟していきたいですし、今日はここが二時間ほど臨時に一つのコミュニティセンターになったということで、これをきっかけにぜひ交流を続けて、いろんなことができるようになっていけばいいと思います。

大江　今日、ここにいろいろなセクシュアル・マイノリティの方が集まることにすごく期待をしてきました。それぞれ立場が違っても、みなさんといろいろな面で協力してやっていくことができると再確認できましたので、こういう場を持てて本当によかったなと思っています。

伊藤　今日はみなさん、どうもありがとうございました。

第V章

多様な「性」を理解するための基礎講座

多様な「性」のあり方

伊藤　悟

人間の数だけ「性」のあり方がある、と言っても過言ではないほど、人間の「性」は複雑で多様です。このことから、それを細かく分類してそのカテゴリーに名前を付けることは無意味だと主張する人たちもいます（しばしば「一人ひとりがマイノリティだ」という言い方で）。しかし、それは理想論です。「性」以外のことも含めて、人間の多様なあり方を優しく受け入れる社会が到来しているなら、自分の「性」のあり方に関して、特定の名前で呼ぶことなく、「私は私だ」と言うだけで暮らしていけるでしょう。

ところが、現在の社会は、ある特定の「性」のあり方だけが「常識」として容認され、それ以外のあり方は、きわめて否定的にみなされ、排除されてしまうのです。だとしたら、まず、その社会が許容する特定の「性」のあり方以外にも、たくさんの「性」のあり方があり、それを困難な中で受け入れて生きている人がいる、ということを知らせていく必要があります。その時に、いつかは使わなくなるのが理想だとしても、社会に認知させていくためには、いったんは、あるラベリング（レズビアン・ゲイなど）を引き受けて、自分が何者であるかを表現する言葉をもって、訴えていかざるを得ません。そうした過程を踏まず、「みんなそれぞれ別々」という一般論を言っているだけでは、社会が許容する特定の「性」のあり方から外れる人たちが被る不利益を解消していくことはできません。

では、社会が許容する特定の「性」のあり方とは、どんなあり方でしょうか。それはまず四つの条件があります。

①生物学的な性が「女性」か「男性」のどちらかに決まっている。
②自分で自分の身体を、生物学的な性と同じ性別だと認識している。
③社会が望む「女（男）らしさ」をすすんで身につけ実行している。
④異性を恋愛・セックスの対象とする。

❖社会が許容する四つの条件の非常識

さて、社会が許容する特定の「性」のあり方のそれぞれを検討していきましょう。

①ですが、人間は「女」と「男」の二つにきっぱりと別れるという考え方も、大きく変わりつつあります。人間の性別を決定する要素は、私たちが思っているほど簡単ではありません。遺伝

子、内分泌（ホルモン）、性器（外性器・内性器）など、いくつかの要素を組み合わせて総合的に判断されるものなのです。動植物においても、性別がないものはもちろん、あいまいなものは数多く見られ、性別がある条件下で変化する種もあります。人間だけが例外的に「二分法」に正確に従うということはありえないのです。

つまり、遺伝子・内分泌・性器などの要素がそろって一方の性と判断されない場合も多いのです。先天的に、これらの要素に関して、女性・男性・もしくはそれ以外（どちらにも分類できない）に分化した特徴をさまざまな組み合わせで持っている人たちが三〇〇〇人に一人はいると言われており（ハワイ大学のミルトン・ダイアモンド氏の調査による）、こういう人たちは、「インターセックス（半陰陽者）」と呼ばれています。「女」と「男」も、その中間形態がたくさんあり、「性別」はグラデーション（明確な境界線なく徐々に変化すること）としてとらえられるべきものなのです。

インターセックスの人たちが抱える最大の問題は、出生時に、医師（または親）によって、勝手に性別を決められてしまうことです。一時、インターセックスの人たちは女性として育てるほうがよい、という学説が評価され、出生後すぐに「女性的」な身体になるよう手術をしてしまうという時期もありました。インターセックスの人たちは、自己決定能力がそなわる思春期以降、自分の意志で性別を決められる（女でも男でもなくインターセックスという性別で生きたいという人もいます）ようにするべきだという要求を続けています。

②ですが、自分の身体を「女性」と認識するか「男性」と認識するかについても、「生物学的」な性別に一致するとは限りません。こうした自己認識も、ほとんど生得《しょうとく》的なもので、幼児期から自分の身体との「違和感」が生じると言われています。ある当事者の表現を借りれば、「たえずぬいぐるみを着ていて、脱ぎたくてたまらない」感覚を持つそうです。こうした各個人固有の性別認識を「性自認」と言います。

例えば、身体が「女性」であっても、自らを「男性」と認識し、自分の身体を「男性」として認識して扱い、それにあわせたライフスタイルを築いていきたいという人がいます。こうした「性別」を越えたい（＝トランスしたい）という人たちは「トランスジェンダー（Transgender）」と呼ばれており、そうした人たちの中で、「性別適合手術」（いわゆる「性転換手術」）によって自分の性別を変えたり、ホルモンを投与したりして、身体を性自認に合わせていくことまで求める人を、「トランスセクシュアル（Transsexual）」といいます。これらの概念とは別に、「性同一性障害」という呼び方もありますが（「障害」ということで手術が可能になった経緯があります）、詳しくは後半の虎井さんの文章（一八八～一九一ページ参照）を読んでください。

いずれにせよ、一人ひとり違う「性自認」は尊重されなければなりませんし、この「性自認」も中間的な状態があり得ますから、「グラデーション」で、簡単に「女性としての自認」「男性としての自認」と二分法的には分けられません。なお、女性から男性になりたいと思う人をＦＴＭ

(Female to Male)、男性から女性になりたいと思う人をＭＴＦ（Male to Female）といいます。

③は、社会が本人の意志とは別に「常識」「慣習」として押しつけてくる「らしさ」のことを「ジェンダー」と言いますから、「らしさ」を身につけるということは、「ジェンダー」に対して従順な態度をとっている、と言い換えることもできます。社会が規範とする「ジェンダー」を守らないと大きな抑圧がかかってきます。

これは、①②とはレベルの違う要素になります。というのは、四つの要素のうち、これだけは、自分の意志での選択・変更が可能だからです。「トランスジェンダー」の人たちでも、「女性」として生きたいから、「女らしく」生きることを選択するとは限りません。ＦＴＭＴＳの虎井まさ衛さんは、「女と男のジェンダーが全く逆になっている社会に生まれても、私は男性として生きることを望んだだろう」と言っています。つまり、ある人が「男らしい」から男性だ、といったような単純な議論は成り立たないということです。

そして、ジェンダーは、歴史・地域・集団などによって大きく変化していくもので、固定的・絶対的なものではありませんから、「女は家事に向いている」とか「男は泣いてはいけない」といった「らしさ」に関する「常識」のほとんどに科学的根拠はありません。例えば、スポーツにおける男性の優位性についても、近代スポーツを発明したのがヨーロッパのブルジョア男性であり、ルール自体が男性優位にできていて、女性優位のルールにすれば女性が圧倒する種目もあるのです（それに、女性がスポーツに参加する機会自体も与えられてこなかったという事実が加わります）。マラソンを「丸一日走り続けてどのくらいの距離を走れるか」という規定でやれば、女性が圧勝するそうです。

④ですが、性的な意識（恋愛やセックスをしたいと思う感情）がどんな人に向かうかを考えるとき、より可変性の高い「どんな性格が好きか」といった趣味・嗜好に近い要素はもちろんのこと、同性に魅かれるか異性に魅かれるかという最も根底にある意識の部分に関しても、きわめて多様なあり方が存在しています。これもラフに言ってしまえば、「同性に魅かれるか異性に魅かれるか」は、パーセンテージでしか表せないのです。例えばある人は、同性に魅かれる比率と異性に魅かれる比率が、九九％対一％だけれども、別の人は、三〇％対七〇％だったりするわけです。魅かれる対象の性別も、グラデーションなのです。そして、その「割合」を自分の意志で変更したり選択したりすることはきわめて困難であることがわかっています。

もちろん、この説明は、わかりやすく簡略化したものであって、人間の内面の意識をパーセンテージで表せる時代が近々来ることはないでしょう。したがって、こうした内面の意識については「自己申告制」、つまり、その人が私のあり方はこうだと言ったらそれを受け入れるしかない、ということになります。これは、①②にも共通したことです。そしてそれが実現されるだけで、とても暮らしやすい社会になることでしょう。

この性的な意識が向く方向を「性的指向（Sexual Orientation）」といい、便宜的に、同性に魅かれる人を「同性愛者」、異性に魅かれる人を「異性愛者」、どちらにも魅かれる人を「両性愛者」と呼んでいます。したがって、先に述べたことは、一人の人間の中には「同性指向」と「異性指向」がある一定の割合で存在している、と言い換えることもできます。ただ、その割合が自己申告制であることからもわかるように、ここにおける「同性」「異性」は、その人自身の認識によって規定されます。つまり、生物学的な性には関係なく、自分の身体を「女性」だと思っている人が、「女性」に魅かれれば「同性指向」「同性愛」、「男性」に魅かれれば「異性指向」「異性愛」（両方なら「両性指向」）になるわけです。「トランスジェンダー」の人たちは、しばしば、生物学的な性と異なる性を生きたいのだから、「こころの性」と違う「異性」を好きになると誤解されがちですが、「トランスジェンダー」の人たちの「性的指向」もさまざまで、性的意識の向く対象は一定ではありません。

ここからわかるように、「性自認」と「性的指向」はそれぞれ全く別の「性」のあり方の指標ですから、それを関連づけるような発想は偏見です。例えば、「女性同性愛者は男性になりたいと思っている」「男性同性愛者は女性になりたいと思っている」と言われることがありますが、そうした関連性は全くなく、「同性愛者」の中にもさまざまな「性自認」の人がおり、「女らしく」なりたいと思う人も「男らしくなりたい」と思う人も「らしさに縛られたくない」と思う人もいろいろいるのです。

なお、「性的指向」は、しばしば（特にマスメディアによって）、「性的志向」（自分で決定）あるいは「性的嗜好」（趣味として選択）と誤記されてしまいます。わざわざ記者や作家が書いた原稿を校正者や整理係が「志向」「嗜好」と訂正してしまうことも少なくありません。これは、社会の中に、同性を好きになるか異性を好きになるかは、勝手に個人が選択する趣味のようなもので、社会の規範に照らしてやめられるものならやめたほうがいい「気持ちの悪いもの」という意識があるからにほかなりません。「性的指向」は、すでに厚生労働省・法務省も正式な用語として用いており、正確に使用されてしかるべきです。しかし、まだまだこうした認識が社会に受け入れられている状況にはなっていないのは、冒頭に述べた通りです。

❖「フツー」を強制する社会の希薄な人権感覚

セクシュアル・マイノリティとも呼ばれる、「性」という側面における「少数派」の人たちが抱える問題は、「人権」の問題です。それは、「多数派」の人たちが、その人の「性」のあり方だけをとらえて、嫌悪したり、軽蔑したり、時には存在を否定したりするからです。二〇〇〇年二月、東京都江東区の公園で、ゲイと見なされた青年が、一〇代と二〇代のグループ三人に、金品を奪われたうえ激しい暴力をふるわれて殺されました。判決・審判は確定していますが、その過程で

「ホモ狩り」として、ゲイがターゲットにされたことが明らかになっています。

そうした「事件」ばかりではなく、日常生活の中でも、さまざまな偏見や差別にさらされます。

個人差こそあれ、この本の手記を読んでいただければ、まだ広くセクシュアル・マイノリティが「自分らしく」生きることを妨げる力が大きいことを理解してもらえるはずです。

何しろ周囲は、生物学的な性と「性自認」が一致していて「異性指向」の強い人が大多数を占めています。そういった人たちは、思春期には、苦労はあっても、恋愛経験そのものを否定されることはなく、友だちとの「エッチな」話などを通じて自分の「性」のあり方を肯定していくことができます。それと対照的に、セクシュアル・マイノリティの子どもたちは、自分を理解するための情報がなかなか得られないために、自分の「性」のあり方を受け入れることが困難になるばかりではなく、からかわれたりいじめられたりするのを恐れて、自分を表現せず「多数派」としてふるまうことにエネルギーを注がざるを得ません。これは、自尊心を奪われ、「孤立」し、自分を否定する過程になってしまうこともあります。

さらに成長しても、「世間の常識」の圧力がきわめて大きい日本の社会では、セクシュアル・マイノリティばかりではなく、やはり異性と「結婚」しない人生を歩もうとする人たちに全体に、「フツー」の生き方を強制する力が強く働きます。時には生活のすべて（仕事、住居、保険などで保障される老後、相続、パートナーシップ……）にまでさまざまな不自由がのしかかります。

この背景にメディアの希薄な人権意識があることにも注目してください。テレビのお笑い・バラエティ番組では、毎日、それもゴールデンタイムに、簡単に笑いをとれる「素材」としてセクシュアル・マイノリティが題材にされています。例えば、「あんた、オカマですか」と訊かれて「失礼な」と怒るので、訊いた人が謝りながら「じゃあ何なんですか」というと、「オカマじゃありません、ホモで〜〜す！」とオチをつけます。すると会場から（そしてそのテレビを見ているお茶の間からも）どっと笑いが起きるのです。コミック誌や週刊誌や広告なども同様です。子どもたちは、例えば「オカマ」「ホモ」「レズ」といった言葉の機能（人を傷つける確率が高い／「オカマ」は「男」という枠からはずれた人を揶揄《やゆ》する）をこうした情報から「学習」して、友達やクラスメートをからかったりいじめたりするときに使います。多くの保育園・幼稚園の教員から、その年齢で意味もわからず子どもたちが使っているという報告を受けています。

二〇〇二年四月、象徴的なできごとがありました。キングギドラというヒップホップのグループが、他のグループを攻撃する楽曲の中で、相手を同性愛者になぞらえ、「ニセもん野郎にホモ野郎　こいつやってもいいか　奴の命奪ってもいいか」と差別的な歌詞を含む楽曲のＣＤを発売しました。これに対して、すこたん企画が最初に抗議して情報を提供、最終的には、何百人もの同性愛者たちの抗議となり、女性やＨＩＶ感染者を揶揄するものも含まれている楽曲とともに、ＣＤは発売停止になりました。まだまだ広範に差別意識があることを表しています。

「動くゲイとレズビアンの会」（NPO法人アカー）が、同性愛者であることを理由に青年の家の宿泊利用を拒否されて東京都を訴えた裁判の高裁判決（一九九七年確定＝東京都敗訴）でも、「行政当局としては、少数者である同性愛者を視野に入れたきめの細かい配慮が必要で、同性愛者の権利・利益を考えなければならない。そうした点に無関心であったり、知識がないということは、公権力の行使者として、当時も今も許されることではない」と述べられている通り、特に公的責任を持つメディアは少数派の状況に対して敏感になるべきです。

もちろん、こうした状況は、手記でも読み取れるように、インターネットの発達やセクシュアル・マイノリティの新しいグループ・スペースの創造活動などによって、改善されつつあります。そんな中で、二〇〇二年五月二五日、セクシュアル・マイノリティの団体の粘り強い働きかけもあって、法務省の「人権擁護推進審議会」の最終答申案において、性的指向による差別、また、そこから広げてセクシュアル・マイノリティに対する差別が救済の対象となりました。セクシュアル・マイノリティの抱える問題が人権問題であることは、国際社会はもちろん、日本でも本流になりつつあるのです。

こうした人間の「性」の多様性は、「性」という側面における「少数派」の人たちが声をあげ続けてきた中で、明らかになってきたものでもあります。さらに、生物学・文化（社会）人類学の研究の進展の中でも、人間（ひいては動物）の「性」の多様性が証明されつつあり、民族によって

「性」のあり方は大きく異なること・進化の過程で生物は自分たちをより多様化させながら変化していくこと（例えば同性愛的行動はピグミーチンパンジーなどかなり広く見られる）が示されているのです。ただ、こうした多様性が形成される過程はほとんど解明されておらず、たいていの人が問うことすら考えない「（異性愛者は）なぜ異性を好きになるのか」についても、明快な説明は不可能なのです（なのに同性愛者には平気でなぜと質問できる力関係の差に注目してください）。私たちは、まず、こうした多様な「性」のあり方そのものを受け入れることによって、人間の多様性を理解し、お互いの「違い」を前提とした、一人ひとりが「自分らしく」生きられる「共生」社会へ向けて出発できるのだと思います。

用語解説

虎井まさ衛
黒岩龍太郎

性同一性障害（GID=Gender Identity Disorder）

心と身体の性別がくい違っていることで悩み苦しむ状態を言います。精神医学上の疾患単位名です。

例えば、女性が第二次性徴の際に自分の肉体にあらわれる変化にとまどったり、または男性から性的な眼で視られるのがおぞましいなどで、乳房のふくらみや月経をうとましく思ったり、男性の場合でも、こんな性器は自分のものではないと思ったり、性衝動の強さを下劣なもののように感じて憎んだりと、自分の性への違和を感じることは誰にでも起こり得ることですが、たいていはそれほど長く続かなかったり、続いてもそれほど強く感じられることは少なかったりします。

けれどもＧＩＤの場合、少なくとも二年以上継続し、しかも日常生活を送るうえで支障をきたすまでの強い性別違和に悩まされ、適切な治療を施さないと、自傷や自殺行為に走ることがあります。「そのまま生きようと思えばなんとかなるんだから、我慢しろよ」では済まされないものなのです。

（虎井）

トランスヴェスタイト（TV=Transvestite）

異性装・異性装者のことです。男性であれば女性の、女性であれば男性の装いをすることで、本来の自分に帰ったような安堵感を覚える人です。男性の女装の場合、性的興奮を伴うこともあります。

男性が女装する場合、世のヒンシュクをかってしまいがちで表を歩くのにも決死の覚悟を必要とする場合が多いですが、女性が男らしい服装をしてもファッションの一つと見なされ、ほとんど好奇の対象にはなりません。そのため女性のＴＶという者はいない、という向きもありますが、自分のことを女性と認識していても、スカートをはいたり化粧をしたりすると「女装」しているように感じ、男の格好をした時に初めて心安らぐ女の人もいるのです。（虎井）

トランスジェンダー（TG＝Transgender）

次項のＴＳは、ＧＩＤの一部として認識されている医学的概念ですが（ＴＶも両性役割服装倒錯症Ｄｕａｌ　ｒｏｌｅ　ＴＶというものがＩＣＤ―10〈国際疾分類第一〇版〉ではＧＩＤに含まれています。ＤＳＭ―Ⅳ〈アメリカ精神疾患診断統計マニュアル第四版〉には含まれていません。日本でもＧＩＤとしての治療の対象にはなりません）、そういった医者の診断名から離れたところで自らを語ろうと、当事者たちが提唱し始めた呼称がＴＧです。女装界の長老で、手術はしないけれど恒常的に女装し女性として生きている、現在（二〇〇二年春）も八〇歳を越えて現役の、ヴァージニア・プリンスという人が自分のことを「トランスジェンダリスト」と呼んだのが始まりです。

現在では、ＴＶもその装いをしている時にはその性として扱われたいし、ＴＳも常にその社会的性つまりジェンダーを、その思っている通りの外見的性と合ったものにしておきたいわけだし、ということで、ＴＶやＴＳも全部ひっくるめてＴＧと呼ぶことが多いです。

狭い意味では、周囲から自分の思っている通りの性として扱われることができたらそれでよし、とする人のことを指します。そのためにホルモン療法やある程度までの手術（美容整形や乳房切除など）を受ける人もいますが、性器に関する手術までは望まないのが通常です。（虎井）

トランスセクシュアル（TS＝Transsexual）

ＧＩＤの中でも最も重いもので、精神療法やホルモン療法ではついぞ満足することがなく、外科手術、特に外性器形成を強く望む症状、あるいは人のことです。一九四九年に医師コールドウェルが作った用語で、その後ＴＳ治療に初めて真摯に取り組んだ、ハリー・ベンジャミン国際性同一性障害協会にその名を冠すアメリカの内分泌科医、ハリー・ベンジャミンにより広まっていきました。

虎井はまさにこれで、声が変わろうとヒゲが生えようと、乳房を切除しようと子宮・卵巣を取り去ろうと、何とかしてペニスを形成し終わるまでは中途半端な気分をぬぐい去ることが、どうしてもできなかったのです。どうしてもペニスを持ってこそ男、という概念から自由になれなかったのです。（虎井）

ＦＴＭ（Female to Male）
ＭＴＦ（Male to Female）

ＦＴＭは「女性から男性へ」、ＭＴＦは「男性から女性へ」の意です。略語の前に付けて、ＦＴＭＴＳ、ＭＴＦＴＶのように使うことがあります。

ＦＴＭの場合、前述のように子どもの頃から男の格好をしていてもあまり世間的には非難されないうえ、男性ホルモン投与を始めると声の低音化や顔毛の発達などが見られ、おしなべて小柄ですが、かなり早いうちに男性として通用するようになります。ＭＴＦの場合は、しかし、女性的であることはいじめの対象になりがちですので振る舞いをわざと男らしくした過去をもつ人も多く、大きく発達した骨格や身長、それに低い声は、女性ホルモン投与をしてみてもほとんど変わりないため、社会的に通用するためには相当の努力が必要な人が少なくありません。

けれどもＭＴＦの性別適合手術（次項）はたいてい一度で済み、金額もＦＴＭのそれの約三分の一ですが、ＦＴＭの手術は高額で、しかも二回以上行うのが通常ですし、身体への侵襲も大きいうえに、ＭＴＦに形成された膣は見事な場合が多いというのに、ＦＴＭに形成されたペニスは現時点では、非常に慣れた外科医の手になるものも、どうしても不自然なモノになってしまうのです。

アメリカでは、ＦＴＭは高額で不自然な人工ペニスを「フランケン・ディック」と呼んで好まない人が多く、ホルモン投与のおかげで小さなペニス並みにふくれあがったクリトリスを、うまく利用した外性器手術が盛んに行われています。（虎井）

性別適合手術（SRS＝Sex Reassignment Surgery）

いわゆる「性転換手術」のことですが、ある種の魚や蛙などを連想させる「性転換」という言葉は、関係者には好まれないものになってきまして、「性別再指定手術」「性別再判定手術」などさまざまに呼ばれてきましたが、二〇〇一年三月の第三回ＧＩＤ研究会より、「性別適合手術」という呼称に統一しようではないかとの呼びかけがあり、以後この名称が多く使われ始めたのでした。（虎井）

インターセックス（IS＝Intersex）

男性とも女性とも判断できない、両性の特徴を合わせ持つ状態、あるいは人のことです。

その特徴は、性染色体や内性器・外性器に現れる場合が多いのですが、そのような目に見えるものではないけれど、胎児期の脳の性分化に異常が出たことが原因ではないかと言われるようになったＴＳも、ＩＳのサブタイプと言えるのではないか、との説も出ています。

ＩＳの人が「自分が親や医者から与えられた性別は間違っている」と言って戸籍上の性別を訂正してほしいと訴えた場合、ほとんどが許可されていますので、「ＴＳはＩＳのサブタイプ」という考えが浸透していくと、ＴＳの戸籍上の性別訂正もやりやすくなるのではないかと思います。（虎井）

TSはISのサブタイプ

人間の染色体は、通常四四本の常染色体とXXまたはXYの合計四六本の染色体でできているとされています。しかし、中にはXO（つまりXが一本の女性。Oはゼロの意味）のターナー症候群と呼ばれる女性もいれば、XXYあるいはXXXYというXの多い染色体を持つクラインフェルター症候群という状態を持つ男性も存在します。また、モザイクといって、一人の人の細胞に、XOとXXが存在する場合、XO・XY・XXYの三種類が存在するタイプまでが報告されています。XXXを持つ女性もいるのです。

こうした人々は、ターナー症候群でおおよそ三〇〇〇人に一人、クラインフェルター症候群でおおよそ五〇〇人に一人の新生児にいるといわれています。これだけでも、日本の人口おおむね一億二〇〇〇万人のうちには、相当の数の人々がいる計算になるのです。

この人々は、おおかたは、一見、男性あるいは女性としての通常の形状の身体を持っているのですが、妊娠しない、あるいは性別の自己自認が逆であるなどの理由で、不妊外来を訪れるとか、性同一性障害の治療医のもとを訪れて、はじめてその現実を知ることになる場合があります。こうした人々は、果たして、女性なのでしょうか、男性なのでしょうか？

XOではOが何になる予定だったかはわからない話です。（中には、Yのかけらを持っている人もおります。）

XXYでは、XXを主体と考えればYが多い女性と見られますし、XYを主体と考えれば男性と思われます。しかし、現実の今の医学界ではXOは女性。XXYは男性とされていて、たとえばホルモンバランスの不調が起こった場合、XO女性には女性ホルモン、XXY男性には男性ホルモンしか投与されないのが普通です。

ところが、実際には、これが身体に合わない場合があるのです。

患者はそれこそ、むくみや排尿障害などに襲われてたいへんな目にあっていることがあります。骨粗鬆症や糖尿病といったものからくる病を助長してしまうこともあります。

こうしたことは、戸籍との問題があって発生することです。戸籍と連動する住民票からつくられる国民健康保険や企業に就職した時の登録の健康保険の男女別にしたがって、診療報酬の明細をチェックする機関が、女性に対しての性腺機能不全（性腺の働きが悪いもの）治療に「なぜ女性に男性ホルモンを与えるのか。変ではないか」といわれてしまい、逆に男性に対しての性腺機能不全に「なぜ男性の性腺機能不全に女性ホルモンを与えるのか。変ではないか」といってくるのです。こうしたことがあると、医師が正当の診療報酬を受け取ることができなくなり、さらには不当の請求をするというレッテルを貼られてしまうのです。こうした当時者の身体を基準としたのでない医療が行われていることで、辛い思いをしている人々がおります。

半陰陽には、大きく分けて、三タイプのものがあります。①真性半陰陽、②女性仮性半陰陽、③男性仮性半陰陽の三つですが、真性半陰陽は一人の身体に、子宮・卵巣と精巣が両方存在するものです。ペニスもあれば睾丸もあり膣もあるのです。女性仮性半陰陽・男性仮性半陰陽は、性器の形が男性化・女性化しているものです。

では、なぜこうしたことが起こるのでしょうか。

両方の性的な特徴を持って生まれてくるということが、とても不思議に思えるでしょうが、意外なことに、生殖器のおおもとになる器官を作るのは四四本の常染色体で、XY染色体ではないからなのです。生殖器官の大元が生まれた時、人間はどちらにもなれる可能性を持っているのです。

またX・Yの染色体のうち、X染色体には人間の生命維持に必要な要素が乗っているのに対して、Y染色体にはそれがなく、したがって、XO女性は生存できるけれども、YY男性はこの世に生を受けることはない、といわれています。何事もなければ、人間は根本的に女性になるように生まれているると考えられているのです。

　男性に生まれてくる条件はたいへん複雑で、すべてのことは判明していませんが、⑴最初の器官をつくる常染色体に異変のないこと、⑵Y染色体のSRY遺伝子に異変がないこと、⑶Y染色体のMIS遺伝子に異変がないこと、⑷テストステロン合成・分泌と酵素の働きに支障がないこと、⑸5α-レダクターゼ酵素が十分役割を果たすこと、⑹5α-ジヒドロテストステロンが通常に生産され働くこと、⑺テストステロン受容体が十分に働くこと、⑻5α-ジヒドロテストステロン受容体が十分に働くこと、おおまかにいってもこれだけの働きが十分でないと不可能だということなのです。どの要素が不充分でも、それぞれの段階で、男性か女性かが不明瞭な個体が生まれます。たとえば当初の「常染色体の異変」で下垂体や副腎の先天性のホルモン分泌過剰によってペニスも睾丸も膣も持つ個体が生まれ、たとえば最後の「テストステロン受容体が不充分」なだけでも、膣が不充分にしかできない人もいるのです。


決して、人間の性別は、戸籍に振り分けられているような二つのものではないのです。新生児は国民として戸籍に登録されますが、実際にはこれは外性器の見かけ上の判断で登録され、一生変わることがないとされています。また、裁判所では「性別は遺伝子で決めるものである」とされた事例もあります。しかし、また一部で、こうしたISである事情が充分に証明されれば、戸籍の性別を訂正することができるのです。この判断はたしかに矛盾しています。

　染色体や遺伝子は必ずしも男女の形を決めるものではありません。まして、外性器・内性器を両方有する真性半陰陽・染色体の過少をもつ人々などは、精神的にも男性の心理も、女性の心理も持っています。ペニスを持っていてもXX男性であることがあり、膣を持っていてもXY女性である可能性があるのです。

　こうした現実を見てくると、現在、性同一性障害として、自らの身体を男女のどちらかにはっきりと決定し、手術を受けて違和感をなくし、戸籍性を変更してほしいという訴えをおこしているTSの人々は、当然のことながら、外性器や内性器に形成異常を伴わないISと考えることができるのです。

こんにち日本精神神経学会のGID治療のガイドラインは、こうした実情にかんがみて、ISでなおかつ性別に心理的な揺らぎや、表現形とは反対の性別であると認識する人々を治療することも、きちんとその視野に入れた画期的な改定がなされています。

(黒岩／くろいわ・りゅうたろう。一九五七年生まれ。幼児期、停留睾丸切除。第二次性徴期にふたたび性器過形成を生じ、出産を経験してもなお性自認は男性。性染色体はXX女性型だが、常染色体変異を遠因に持つISでなおかつGIDの当事者)

セクシュアル・マイノリティQ&A
「よくある質問」に答えます

伊藤　悟
虎井まさ衛

Q

身体は女性なのに女性が好きということは、「心が男」ってことになるんですか？

A

今の社会は、異性を愛することが大前提で、それ以外のさまざまな性があることなどなかなか想像がつかず、誰も疑ってみようとしません。だから、女性を求める女性と言われると、「心が男」であるとしか解釈しようがないのでしょう。ここから、同性愛者とトランスジェンダーの人たちが混同され、なおかつ、単純に異性を愛する人よりも下位におかれるという見方が広まる原因が生まれます。

まず、自分が自分のあり方を女性と思うか男性と思うか（性自認）と、同性を好きになるか異性を好きになるか（性的指向）とは、全く別の枠組みだということを理解してください。この二つは、一人の人間の中で別々に独立して持たれるもので、関連はほとんどありません。性自認が身体の性（これも多様です）と異なる人たち（その程度もさまざまです／トランスジェンダー）、及び、同性指向が強い人たち（きっぱりと分かれません／同性愛者）が、社会の中で少数派であるために、理解されないどころか、身近にいることさえ認知されていないのが現状です。

質問に関して言えば、性自認が女性で、女性を好きになる人のことをレズビアンと呼びます。ですから、身体の性と性自認が女性で、女性を好きになる人が含まれるのはもちろんのこと、身体の性が男性でも、性自認が女性のトランスジェンダーの人が、女性を主に好きになるのであれば、レズビアンということになります。身体の性が女性で女性が好きであっても、性自認が男性であれば異性愛者となります。

つまり、その人本人が自分はこうだと思う「性別」を基準にして考えるわけです。どんな人を好きになるかというのも自己申告制ですから、人間の「性」に関わることはきわめてプライベートなことであり、性別に対する認識も、恋愛対象の設定も、全て個人個人の思いを尊重する、というのが基本的な視点になるわけです。ほとんどの人は、「常識」にしばられて、性自認は必ず身体の性に一致するとか、人は必ず異性を好きになる、という思い込みをしているだけにすぎません。詳しくは一七六ページからの基礎知識も参考にしてください。（伊藤）

Q カミングアウトしたいのですが、どうやってしたらいいのでしょうか？

A カミングアウトという言葉から説明しましょう。“coming out of the closet” の略称として生まれた言葉で、「クローゼット（物入れ→「小さく囲われたもの」が語源なので、日本語としては「押し入れ」のイメージに近い）から外へ出てくる」ことです。「クローゼット」は、セクシュアル・マイノリティが自分の「性」のあり方を日常生活の中で、表明・表現することができずに、多数派である「身体の性と心の性が一致している」「異性愛者」のフリをして生活せざるを得ない状況（閉じこめられている！）を指します。

したがって、外来語を何でも元の意味を歪めて「和風」にしてしまう日本では、単なる「秘密の告白」として「カミングアウト」が使われ出していますが、本来は、ただ自分が同性愛者やトランスジェンダーだと、人（社会）に告げるだけのことではありません。「閉じこめられている」状況から出ていくことが目標なわけですから、自分の「性」のあり方を知らせるだけではなく、知らせた人との関係を新しくつくり直すことまでを含む長い過程を「カミングアウト」と言うのです。

どんな人間関係でも、相手に関する新しい情報を共有したら、関係性は変化して当然です。ずっと変わらない固定的な関係というのは想像できません。「あなたが同性愛者／トランスジェンダーでも今までと関係は変わらないよ」と「カミングアウト」を受けとめた側が言う時、「お互いの変化に応じて関係を変え、よりよくしていく」という前提があればいいのですが、時として「あなたが同性愛者／トランスジェンダーであることは、とりあえず棚上げしておいて、全くふれずに、それまでの関係を続けることになってしまうことがあります。自分が友人にゲイだと言ったのに、相変わらずその友人はテレビの「ホモネタ」に大笑いするのでショックを受ける、などということも少なくありません。

つまり、お互いに、とりわけ多数派の側に、相手のことをきちんと理解する努力が求められることになります。社会が与える情報の圧倒的な部分が異性愛に関するものですから、私たち少数派の側の情報が知られていないのが現実だからです。

こうした点から考えて、カミングアウトは慎重にならざるを得ません。お互いに理解しあおうという基本的な了解が共有されていない相手に対しては、自分の「性」のあり方に対して理解を求めていく回路がないかも知れないからです。

また、カミングアウトは、「性」という簡単には人に話さないプライベートな部分を話すとはいえ、決して「秘密」を告白するわけではなく、自分を語るわけですから、自分が同性愛者／トランスジェンダーであることに対して肯定的で、自信を持っていないと、伝わりにくくなりがちです。私も友人たちにカミングアウトし始めた頃、「こんな世間様に顔向けできない部分がある私でも許してください」といった感じできわめて卑屈になっていたことを苦々しく思い出します。結局そうした気持ちでは、その後安心しあえる関係が作れなかったことが大半でした。ですからカミングアウトは、対等な人間として、自分をさらに深く理解してもらうんだ、というすがすがしい気持ちになってからのほうがいいかもしれません。

相談できる仲間を持つことも不可欠です。緊張にあふれる「最初のひとこと」を支え、長い過程で生じる悩みを話せる相手がいるといないとでは雲泥の差です。お互いに知恵を出し合わないとやっていけないほど、カミングアウトは、一人ひとり個別に異なるものであり、全てに通じるマニュアルなどないからです。

だから、時間的余裕がある時は、準備をじゅうぶんにしたほうがいいでしょう。自分では説明しきれない「性」に関する科学的な説明や日本におけるセクシュアル・マイノリティの状況などは、本や資料を用意して読んでもらうのも有効です。そして、一回話して終わりではなく、その後もことあるごとに（最近ではセクシュアル・マイノリティに関する報道も増えています。興味本位のものも多いですが）理解を深めてもらうための働きかけや率直な話し合いが必要です。その時、遠慮をしないほうがかえって後でうまくいきます。

相手に失礼なことを言われた時は、「傷ついた」「悲しい」といった感情表現をしましょう。それを表現せず摩擦を避けていると、ストレスを溜めることになり、逆に人間関係を希薄にしていきます。一般的に言っても、友人であれ、親子であれ、ケンカなどのぶつかり合いを経ないと、より深い関係になりにくいものですから（それにしてもつくづく思うのは、こうした関係を創れる相手は一生でもそう何人もいないでしょう。一方、多数派は、「カミングアウト」することなく、何の屈託もなく異性愛を語れる条件を持っていることがどれだけ重要なことかに無自覚な場合が多く、その差にがく然とします）。

こう考えてくると、とりあえずカミングアウトしない、という選択肢もあることになります。自分の気持ちや心の準備、相手との関係性、周囲の状況（職場や学校や地域によってはそこにいづらくなってしまうことがあります）などを考え合わせて当分見合わせるという場合もあるでしょう。カミングアウトするかしないかは、その人の生き方の選択ということにもなります。ただ、いつも「うしろめたい」気分で生きていくことより、「自分らしさ」をのびのびと表せるほうが充実した人生であることは確かです。カミングアウトが大きなハードルにならない社会の実現が求められることは言うまでもありません。（伊藤）

Q 同性どうしで「家族」をつくることなんてできるんでしょうか。海外ではどうなっているのでしょうか？

A 残念ながら、日本では、同性どうしのパートナーシップは、公的にも私的（企業レベル）にも保障されていません。相続権・病気や事故の時の病院での面会権・税金や福祉に対する異性カップル並の措置といったものは、公正証書（遺言に近い形で二人の関係を宣言するもの）を作って、ある程度カバーすることができますが、絶対的な力を持たない場合もあるので、諸外国のように生活権に対する法的な整備が待たれます。養子についても、一人でとることは可能ですが、同性カップルとして育てることはできません。しかし、「家族」の形も大きく変化している中で、実態としては、一つの単位として生活している同性同士のカップルも増えており、それに法的な保障がついてくるのもそう遠くないことでしょう。

海外の動きについては、二通りの流れがあります。「結婚制度」の中に同性カップルを入れていくというものと、それとは別のパートナーシップ認定の仕組みをつくってそこに今までの枠に入りきれないカップルを入れていくというものです。どちらも、一九世紀から始まる同性愛者たちの権利を獲得していく運動が背景にあって実現してきたものです。それは、少数民族や女性の権利獲得の流れの中で発展してきたものでもあります。

前者は、まずドメスティック・パートナー制度として実現していきます。一定期間にわたって共同生活している二人に対して、結婚したカップル同様に、さまざまな権利を保障していこうというもので、もともとは事情があって、婚姻届を出せないでいる異性カップルを「家族状態の」（ドメスティック）パートナーと認定して救おうというもので、それを同性カップルにも広げていったのです（ここでも女性の解放運動との関わりが見られます）。

この制度は、欧米を中心に、数多くの地方自治体や民間企業が実施しています（アメリカでは、一九八四年にカリフォルニア州バークリー市議会が採択したのを皮切りに、二〇〇〇年三月現在で、地方自治体と民間企業を合わせた数が二九三三。内容は地域によって差がある）。これによって、保険の適用、住宅取得などにおける各種割引制度、相続権や病院での面会権の保障、さらには税金や年金面など、生活全般にわたって、暮らしやすい環境が整えられつつあります。

さらに、これを国全体のレベルに広げた「同性婚法」と総称される法律を制定する国も目覚ましい勢いで増えています。始まりは、一九八九年にデンマークで制定された「レジスタード・パートナーシップ法」です。同性カップルも、「登録」（レジスター）することによって、異性間のカップルとほぼ同じ権利・立場を得られるのですが、人工授精や子どもを持つための養子縁組などに一部制限もあり、さらなる権利の拡大が検討されています。「登録」というのは、ふるい「結婚」制度を守りたいという反対勢力と妥協するために「結婚」とは違うという形式の表現として生まれたものです。しかし、実質的には「結婚」とほとんど変わらない実態になっています。

同様の法律は、その後、スウェーデン、ノルウェー、アイスランド、オランダ、ドイツ、ベルギー、ハンガリーでも制定されています。二〇〇一年、オランダでは、残されていた同性カップルの養子をとる権利も持てるように法律の改正があり、ほぼ異性間と同等な「同性婚」が保障された最初の国となりました。こうした動きは、「結婚」制度の枠にはまりたくない異性愛者の「事実婚」を国に受け入れさせるという運動と連動しており、「結婚」制度自体を問い直しながら、世界の流れは大きく変わろうとしているのです。

後者について、結婚制度と別のパートナーシップ認定の仕組みをつくる試みは、それまでの「同性婚法」にもそういう色彩があるものもありましたが、一九九九年のフランスのパックス法が明快に「別の制度」を確立したものとして知られています。この法律は「連帯の民事協約(パックス)」と呼ばれ、長年の議論を経て成立しました。

パックスは同性・異性を問わず、婚姻関係を結ばないで共同生活を送ろうとするカップルに結婚とほぼ同等の法的地位を認めていくというもので、二人の「連帯」と定義されています。この法律の特色は、ドメスティック・パートナー制度のほとんどに付随している、ある期間以上の「同居」などの付帯条件がなく、「届け出」だけで、登記簿に記載され、財産の共有や看護・忌中休暇の取得などの生活権を確保できるという点です。三年間パックスを継続すれば、連名で所得税の共同申告もできるようにもなります。

現在、バックスと結婚制度は併存しており、同性同士はパックスを選ぶしかないのですが、異性間でもしがらみが多く古い慣習とも結びついている「結婚」を選ばず、「パックス」を選ぶカップルが激増しているそうです。また、愛情というよりは、老後あるいは生活上の理由から、二人で生活するほうが生きやすいと考えてパックスとしての「組」をつくる人たちも現れています。つまり、実質的に、今まで以上に多様なパートナーシップを保障する制度になっているのです。

さらに、二〇〇〇年四月、アメリカで初めて、バーモント州の州法として「シビル・ユニオン」法が成立しました（七月施行）。こちらも二人の「市民の結合（連合）」という、広範囲にパートナーシップを指す言い回しが使用されています。この「シビル・ユニオン」も、フランスの「パックス」とほぼ同じ仕組みです。これは、一九九九年一二月に、同州の最高裁が、州内の同性愛カップル三組が州政府を相手どっておこした「同性間の結婚を認めないのは性差別」という訴訟に対し、「結婚した男女と同等の権利が、あらゆる点で同性愛者にも認められるよう、州法を早期に見直すべきだ」と判断したのに基づいて制定に至ったものです。つまり、この経過に対して、賛否両論が州内でまきおこり、妨害もかなり行われた中で、同性愛者たちの力が司法や立法府を動かしたことになります。二つの流れに対する意見には差異もありますが、パートナーシップに関する選択肢を増やそうという動きは、もはや止めようのない奔流になっているのです。

そんな中で、欧米では、同性愛者やトランスジェンダーの活動に援助を惜しまない公的な機関もたくさん設立されています。例えば、ＬＧＢＴコミュニティセンターは、セクシュアル・マイノリティの自主的な活動を保障する重要な役割を担っています（ＬＧＢＴ＝レズビアン／ゲイ／バイセクシュアル／トランスジェンダー）。同性愛者が自分を受け入れるプログラムが実施されたり、自己実現のためにホールやミーティングルームやスポーツ施設を安く利用できたり、個人や団体の交流の場になったり、職業訓練や芸術活動など充実した活動が保障されています。

私が訪問したニューヨークのＬＧＢＴコミュニティセンターで見た光景はいまだに目に焼き付いています。設立にさまざまな芸術家が参加し、壁にキース・ヘリングの絵があるセンターの庭で、初老のゲイのカップルときゃぴきゃぴした若いレズビアン／ゲイたちとが穏やかに交流しているのです。年齢差や世代にこだわらないその姿は、運動の歴史と成熟を感じさせ、こうしたセンターが日本にもできるまで活動したいと決意を新たにしたのでした。（伊藤）

Q 「美容整形」と「いわゆる性転換治療」はどのように違うのですか。

A 「自分のことを例えばこのようにしない限り、絶対幸せになれない。なんて醜いのだろう。もう外に出たくない、誰とも会いたくない」と悩み抜いて鏡ばかり見て、日々の生活に支障をきたしてしまうほどになると、もう〝醜形恐怖《しゅうけいきょうふ》〟になってしまい、ＧＩＤととてもよく似た心理になっていると思います。違うと思われるのは、ＧＩＤは鏡に映る自分の外側を観て、「これは本当の自分ではない」と思い、醜形恐怖の人は「本当の自分はなんと醜いのだろう」と思うことではないでしょうか。

また、ある精神科の先生が「醜形恐怖には終わりがないことがある。どこまで直しても『もっとよくなるはず』と手術を繰り返すことがある」とおっしゃっていましたが、ＧＩＤ、特にＦＴＭにはそんなことはないと思います。いったん「ここまで手術すればいい！」と思い切ると、誰が見ても失敗である結果ではない限り、「こういうものなのだ」と割り切って、仕事や人生といった他の事柄に没頭していく人が多いです。そして、やはりこれはＦＴＭの人に多いのですが、男性ホルモンの投与をすると、ひどい肌荒れ・ニキビ・抜け毛・シワが出揃ってしまうことがあります。つまり投与前よりはるかに醜くなってしまうのです。しかし「これでいいんだ。生まれつき男の体だったら、こうなっていたのだろうから」と、スッとあきらめて受け入れる人がほとんどです。

このように醜くなるかもしれない治療でも、あえて受け入れるＧＩＤの人々は、「より美しく」と願う美容整形希望の人々と観点が異なるのです、「その治療をしなければ生きていけない」とまで思い詰めるところは同じなのですが。

ラムネのびんのようなデコボコのびんが二本ある、と想像してみてください。どちらのびんも粘土で覆い、表面をスムーズにしたとします。そのびんのスムーズな表面に、さらに粘土を加えたり模様をつけたりして工夫する、つまり本当の自分の姿よりもさらに美しく見せようとするのが美容整形だとすると、なめらかな表面を指で押して、内側にあるびんの形を浮き出させる、つまり自分の本当の内面を、美醜にかかわらず表現するために行うのが性同一性障害の治療なのです。

まあどちらの場合も、「より幸せになるためにする」という点では同じですね。（虎井）

Q 男性から女性へ、女性から男性への治療にはどのようなものがあるのですか？

A 日本国内での正式な治療について述べます。

まず、日本精神神経学会の「性同一性障害に関する特別委員会」が一九九七年に定めたガイドラインに沿って、「精神療法」「ホルモン療法」「手術療法」の順で行われてきています。もちろんホルモン投与までで気の済む人や、精神療法のみで落ち着いてしまう人もあり、そういう人々に無理にその先の治療を勧めることはありません。

また、そのガイドラインは二〇〇二年春に改訂が発表されています。以前の第一版のものは、然るべきジェンダークリニックで精神療法の初めから行う人々のことを主に想定して作られていたり、乳房切除を第三段階目の手術療法に含めていたりしたのですが、ジェンダークリニックに通い始める段階ですでにホルモン投与を始めて久しかったり、その結果ヒゲが生え、低音であるにもかかわらず、乳房が残っている患者などが多かったり、または次に述べるリアルライフ・テストに乳房のあるままで臨ませることが酷だとわかってきたりと、長い間に当事者の実情がいろいろと明らかになってきたため改められました。

したがってそれに併せて、「ある程度治療を勧めている人も最初から受け入れよう」「乳房切除は場合によってはホルモン投与以前でもいいのでは」といった、性同一性障害の患者の苦しみに真の理解を示しつつある内容に変わりました（しかしこの改訂版は多少の修正を加えてからの実施になるようで、二〇〇二年夏現在では施行されていません）。「性同一性障害」であると診断されるためには、簡単に言えば次の三項目を満たしている必要があります（第二版ガイドラインより抜粋）。

一、自らの性別に対する不快感・嫌悪感。

二、反対の性別に対する強く持続的な同一感。

三、反対の性役割を求める。

診断が出るか、あるいは第二版によれば「診断が確定する前であっても、ジェンダー・アイデンティティに関連する問題があると考えられ、本人自らが治療を希望」している時に、第一段階である精神療法に進みます。そこではカウンセリング、さまざまな絵画テストや人格検査、こうでありたいと思う性別で生活してみるリアルライフ・テストなどを、個人差はありますが、最低一年以上かけて行います。

ホルモン治療では、MTFには女性ホルモン、FTMには男性ホルモンを投与します。第二版からは、妥当と思われた人には一八歳からの投与が可能になる旨の記載があります。量は各人のもともとのホルモンの血中濃度その他、健康状態もかんがみて個別に決定されます。治療中も専門医によるモニターは不可欠です。誰にでも同じ量を打ったり、頼めば量を増やしてくれるような医師の治療は受けるべきではありません。

効果は個体差があり、誰にでも同じように起こるというわけではないのですが、MTFの場合、一般に頭髪が増え、肌がなめらかになり、乳房が発達し、身体が丸みを帯び、男性器が縮小してその機能も衰えます。性欲も著しく減少します。ただ声はほとんど変わらず骨格もそのままですし、乳房の発達は、人によってはとても大きくなることもありますが、思ったようにはふくらまないことが多く、豊胸手術を受ける人もいます。ヒゲもスローになりますが生え続けますので、永久脱毛をする人が多く、また声帯を手術して声を高くする人もいます。顔の骨格も変わりませんので、額・頬骨・アゴの骨や、喉仏を削る手術をする人もいます。MTFホルモン治療では、特に心臓を弱らせやすいのが難点です。

FTMの場合、一般に頭髪が減り、肌が荒れて毛深くなり、ヒゲが生え、声が低くなって筋肉がつき、脂肪が落ちます。性欲が昂まりクリトリスが肥大し、月経も止まります。ただ背は伸びませんし、乳房は思うように小さくならず（脂肪が少々落ちますが）、時として突発的な月経も起こり得ます。しかし結局は成長したものを逆行させる形であるＭＴＦと違って、ＦＴＭはもともとの身体が育っていって男体になるため、ある程度骨格も変わることがあり、付加的整形手術は必要ない場合がほとんどです（虎井の場合も顔が少し張り出し、鼻と耳が少し大きくなりました。靴のサイズも一センチ大きくなりました）。ＦＴＭホルモン治療では、特に肝臓を痛めやすいので気をつけねばなりません。また、比較的変化の激しいＦＴＭのホルモン治療も、特に三〇代後半から始めた人の場合、思うような効果が見られないことが、ままあるようです。

どちらの場合も、極度の肥満や糖尿病、高脂血症といった成人病を起こしやすいので、禁煙節食、適度な運動を心がけることが最も大切です。また特に性腺切除後は、成人病予防も兼ねて投与量を減らすことも考えられますが、ホルモン不足は骨粗鬆症や更年期症状を催す危険性があるため、とにかく少量でも一生継続することが勧められます。

そして最終的な手術療法まで進んだ場合、ＭＴＦでは、上半身に先述のような豊胸手術を受ける人もいますが、主なものは膣形成手術、いわゆる造膣術です。尿道と肛門の間を切って造った空間に、大腸の一部を移植して膣とする大腸法と、同じように造った空間に、大腸ではなく切り取ったペニスと睾丸の皮膚を移植するペニス反転法とありますが、日本で行われるのは後者がほとんどです。約二〇〇万円かかるとのことです。

ＦＴＭの場合、胸に一〜二回、内性器摘出とペニス形成に一〜三回かかる大がかりなものとなります。乳房切除は大きさにもよりますが、やはり小さい胸であるほど傷も小さく、安くすみます。日本での手術は、乳房切除・子宮卵巣摘出・尿道延長の三つを同時に行うことが多いようです。

尿道延長術とは、ホルモン投与で幼児のペニスほどに大きくなったクリトリスをペニスに見立て、そのすぐ下まで膣前壁粘膜弁を縫い合わせ、そこから尿が出るようにするもので、これを行うと小さなペニスを持っているように見え、しかも立ちションが可能な状態になります。

しかし隆々とした太ザオで性交したい、あるいは「生まれつきの男体で通常の発育をしていたら、こうだったろう」というモノが持ちたい向きには、最終的なペニス形成を行います。日本で行われるのは、前腕や二の腕の皮膚と皮下脂肪を、血管や神経とともにはがして丸めてペニスとし、先の尿道延長術を行った部位の血管や神経とつないで移植する、遊離皮弁移植術と呼ばれるものです。ここまでですると、総額で四五〇万円くらいになるそうです。

ＭＴＦもＦＴＭも、どちらも手術部位の血流が心配されるとのことで、ペニス反転法で膣にするべく造ったくぼみに移植した皮膚に、血が通わずに壊死《えし》したり、ＦＴＭに形成した大きなペニスが壊死して落ちてしまったりする悲劇は起こり得ます。すべて患者のせいではありませんが、普段から血行をよくする生活を心がけ（禁煙は絶対です！）、術前の医師の注意を必ず守るようにしなくてはなりません。また血行をよくすると言っても、アルコールを常々たくさん飲んでいる人は、術中の出血がひどくなることがありますので、ほどほどにしたいものです。

なお、ここには掲載できず申しわけありませんでしたが、『図解性転換マニュアル』（性の問題研究会・同文書院）という本に、これらの手術の図解が載っています。タイトルは「ちょっとなあ」と思いますけれど、中身は真摯で解説が丁寧なので、より詳しく知りたいという方にお勧めです。

（虎井）

Q

身体を人工的に改造して性を変えるなどということは、親にも申しわけないし、神様を冒涜《ぼうとく》しているように思えるのですが？

A

まず親です。昔より「身体髪膚《しんたいはっぷ》これすべて親に受く。あえて傷つけぬが孝行のはじめなり」と申しますし、私の親も——こんなことをここで書くのは気が引けるのですが、本当に言われたことなので書きます——「同性愛でもなんでもいい、孫なんかもいらないから、どうか身体にメスだけは入れないで」と泣きました。

もちろんまず何よりも、彼らが心配するのは我が子の健康です（それから世間体、将来への不安等々といろいろ続きます）。それでこのようなことを言うのです。私も申しわけなさでいっぱいになったものでした。できることなら何の治療もせずに暮らしたかったのです。

しかしそれはできない相談でした。自分では制御できない何かの理由で、私はどうしても自分が女体のままでいることに、我慢がならなかったのです。もし両親の言うことをきいて治療せずに、手術せずにいたら、心を病んで廃人同様になってしまうか、一生を諦めと嘆きで満たし、無為のまま投げ出してしまったことでしょう。

私の親が、そんな不幸な私を見て満足したであろうとも思えません。「どうしてそんな暗い顔をしているのか。見ているこっちまで悲しくなる」と、治療前によく言われました。子どもが幸せであることが結局は親の願いなのです。「性転換などしたら不幸になるに違いない」と思い込むがゆえに、彼らは反対するわけなのです。

しかし手術後の私は、本当に幸せです。特に法律上でさまざまな困難はありますし、性同一性障害ではない人々よりかなり不自由ですけれども、肉体の牢獄にとらわれていた時よりも、足かせ付きとは言え外に出て、太陽や風を肌で感じることのできる現在の幸せは、百万言尽くそうとも表し切ることができません。人生は素晴らしい、生まれてきてよかった！　なんの誇張もなくそう叫ぶことができるのです。心身の性が一致している人々は、生まれつきこのような幸せ（法的な性も一致しているわけなのですから、もっと強い幸せ）の中にあるはずなのに、そのように見えないのは不思議なことですね。

そして毎日顔を輝かせて生きている私を観る親もまた、ある程度以上は寂しい諦めかもしれませんが（彼ら自身の「おじいちゃん、おばあちゃんになる夢」などを潰してしまったのですから）、ホッとした優しい表情で暮らしています。「幸せの基準は人それぞれ違うものなのだ」と了解してくれたようです。

これからは、TS男性なりのやり方で、孝行し尽くしていこうと思っています。つまり、彼らのおかげでこの世に生を受け、そして幸せになったという感謝の心を表現し続けていこうと思うのです。

さて、神様です。ここでは特定の宗派を離れ、唯一絶対神としての神様がいると仮定して続けます。

神様も基本的に親と同じだと思います。肉体の親が父母ならば、魂の親が神様だからです。自分の子どもが幸せであることが神様の願いであるに違いありません。

人間ができることは、神様のできることから比べるとほんのわずかな事柄です。そのわずかな事柄のうちの一つであるＧＩＤ治療をしたことで、それこそ神様や親を呪い、嘆きながら暮らしていく人生から一転して、希望と感謝と喜びに満ちた、明るい一生を歩んでいくことができるのです。そちらのほうがよほど、御心にかなった生き方ではないでしょうか。

むりやり悲願を押し潰して、暗い顔つきで天を仰ぐ「我が子」を観ることが、神様の望みであるとは私は思いません。我々一人ひとりが負わされた運命をより良く生きることを、神様は望んでいるかもしれません。しかしそれは、性同一性〝障害〟（という診断名がつくことを嫌がる人もいるでしょうが、ここでは「自分が選んでそうしているわけではなく、しかもその克服に医療が欠かせないもの」というニュアンスを濃くするために使います）をそのまま背負った状態で死人のように生きることよりも、それを克服するためにありとあらゆる手を尽くして、苦難を乗り越え、人生をポジティブにとらえて進んでいくことを意味するのだと思います。

　そして大切なことは、この世を創られたほどの方が、それほど失敗作を数多くこしらえるとは思えないことです。ＧＩＤであったり、他の実際の身体活動に支障のあるような人々であったり、あるいは他のセクシュアル・マイノリティの人々は、「フツーの人々」から観ると、ある種の失敗作のように思われるかもしれません。しかし違うのです。私がＧＩＤであったことには、必ず何か宇宙的な意味があるはずなのです。キリンの首や象の鼻などは面白おかしく見えても、遠くを見渡したり届かないところのものを採ったりするには便利なものです。それと同じように、私にとってＧＩＤであったことも、何かの、誰かの役に立つに違いないのです。

　個人的には、ＧＩＤではない人々ではたどり着くことの少ない、幸せの境地に達することができただけでもよかったと思っていますし、男と女、両方のグループに属してみた経験の中で、自分の中身はそのままなのに周囲が扱いを変えたことをかんがみると、「ジェンダーというものはこの世にもともとあったものではなくて、人間が自分たちの都合にあわせて築いていったものなのだ」というようなことを、考察ではなく実験結果として語っていくことができるというのも、我々のような者だからこそ可能なのではないかと思っています。そしてそれはとても現代社会のニーズに合っているように感じられます。

たとえ手術で外側を変えたとしても、ＧＩＤであったからこそ得た幸福と使命を正しく認識して、一生懸命、感謝をもって生きる限り、特に何の問題もないのに不平不満を口にしつつ一生を終える人々よりも、神様を冒涜していることになるとは、私はどうしても思えないのです。（虎井）

◇あとがき

セクシュアル・マイノリティと一口に言ってもいろいろな人たちがいる……ということは、この本を読まれた方にはもう十分おわかりではないかと思います。そしてそのいろいろな人たちが、「なんだかとってもフツー」であることも。もちろんキテレツな人々がいるのは世の中のどこを取っても同じことです。つまりセクシュアル・マイノリティもそうでない人も、さまざまな人がいるけれど、結局はみんな一般市民。「晩のおかずはなんだろな」なんてことを考えて仕事していたりする、そこらへんの人々同士なのです。それなのにびっくりするほど特別視されてしまって、フツーの暮らしさえ営めない状況である……ということも、この本を読まれた方にはわかっていただけたのではないかと思います。

同性愛の人は年若いころから「人とは違う」恋心を抱いて悩み苦しみ、幸せにも同性との恋愛が成就したとしても、それは結婚などの社会的な成就には至らず、他の人々であれば気にもとめないような通常の権利も奪われてしまいます。性同一性障害の人は、身体への大きな侵襲のある高額の治療を受けなければならないうえに、衣食住という基本的な事柄さえまともに営めない人もたくさんいるのです。

「それってヘンだよな」と思い至っていただければさらにうれしいです。どんな人々にも一つや二つ、他の人と違うところはあるはずなのに、それでも難なく市民生活を送っているのに、どうして性的にユニークな場合にはそれが許されないのだろう、という感じで。「人種の違いや貧富の差を越え、性別の垣根なく、平等に生きられる社会を！」というようなスローガンはよくあるではないですか。しかしそれを言っているご本人たちが、どうして性的なマイノリティだけを排除するのでしょう。われわれこそ人種も貧富も、それこそ（特にトランスジェンダーの場合は）性別の垣根も越えている面々の代表なのではないかと思うのですけれど。

「どうもこのままではイカン！」というわけで、今回は同性愛の人々と性同一性障害を抱えた人々が協力して本を作りましたが（などと、なんてことない風に書いていますけれども、考えてみると世界的に稀に見る性質の本ではないでしょうか！）、「なにかの目的のためには、ありとあらゆる人々がガッチリと連帯していくべきである」とは私は思っていません。そう思おうとすると多分ものすごく疲れるでしょう。かえって違いばかり目について互いに反感をもってしまうかもしれません。けれど本音として、「協力しあってプラスになることがあれば、そうしたほうがいいや」と思うのです。自分たちに得なことがあれば、やる気も出ようというものです。協力だの連帯だのというのは、ノンキにやったほうが長続きすると思いますし、一時のもので終わらせないためにもそれは大事なことです。この本も、とても楽しく作りました。一人でウンウン唸って原稿用紙のマス目を埋めるよりもずっと面白かったのです。ご協力いただいたすべてのみなさま（特に編集の高文研・金子さん、真鍋さん）に感謝です！

そうしてできあがったものが、世間的には混同されがちな同性愛と性同一性障害が違うものであり、違うけれど共通の苦悩もあるのだということ、そして大多数の人々ともある意味では違うけれど、かなりの意味では同じなのだから、みんな仲良くしたらいいのに、という姿勢を示せただけでも大いなるプラスではないかと感じられます。

その姿勢に賛成してくださるみなさま、どうもありがとうございます。

まだ賛成するまでには至らない方々は、考えてみてください、一番好きな人が同性愛者だったら？　お子さんが性同一性障害を抱えていたら？　それを理由にそのような大好きな人たちがいじめられたら？　ひどい場合には殺されてしまったら？

そんなことのない世界を創っていくためにも、どうかもう一度、この本を読み直してみてください。

二〇〇二年八月一五日

虎井まさ衛

《企画協力》

【ＬＯＵＤ】レズビアン・バイセクシュアルのためのコミュニティ・スペース。
http://www.space-loud.org/

【すこたん企画】同性愛に関する正確な情報を発信する団体。
http://www.sukotan.com/

【ＦＴＭ日本】性同一性障害当事者・研究者・支援者のためのミニコミ誌。
http://www2s.biglobe.ne.jp/~krtry/

【ＴＮＪ（トランスネットジャパン）】性同一性障害やトラスンジェンダー、トランスセクシュアルの自助支援活動を行う会。
http://www.geocities.com/HotSprings/Villa/7797/

伊藤 悟（いとう・さとる）

1953年、千葉県生まれ。高校講師の時、生徒たちが中学時代に受けた人権侵害を『先生！ビンタはむかつくぜ』（三一書房）で告発。以後教育問題をかわきりに、『すこたん企画』をベースに作家活動を続ける。予備校講師・深夜放送ＤＪなどを経て、現在は法政大学講師もつとめる。ひょっこりひょうたん島ファンクラブ会長。93年９月『男ふたり暮らし』（太郎次郎社）で、自ら同性愛者であることを公言。「人間の数だけ生き方がある」をポリシーに、多彩な創造活動を展開中。性教育・英語・音楽と多様な分野にわたって、著書多数。最新刊は、『マーガレット・ミードとルース・ベネディクト』（ヒラリー・ラプスリー著／伊藤訳）『同性愛がわかる本』（ともに明石書店）。

連絡先　〒273-0865　千葉県船橋市夏見3-8-13

虎井 まさ衛（とらい・まさえ）

1963年、東京都生まれ。作家。性同一性障害当事者・研究者・支援者のためのミニコミ誌『ＦＴＭ日本』、同目的の英文ニュースレター『ASIANTS CLUB』主宰。性と人権について、教育現場や特にメディアを通じてアピールすることに力を入れている。著書『かいげん』（パブリシヤユニコン 1987年絶版）、『女から男になったワタシ』（1996年）、『ある性転換者の記録』（1997年共著）、『キアヌ・リーヴス！』（1998年）『トランスジェンダーの仲間たち』（2000年、以上青弓社）、『トランスジェンダーの時代』（2000年）、『ある性転換者の幸福論』（2001年、以上十月舍）。

連絡先　〒123-0845　東京都足立区足立西郵便局留　ＦＴＭ日本

多様な「性」がわかる本

――性同一性障害・ゲイ・レズビアン

●二〇〇二年九月一〇日――第一刷発行
●二〇〇二年一二月一日――第二刷発行

編著者／伊藤 悟・虎井 まさ衛

発行所／株式会社 高文研
東京都千代田区猿楽町二―一―八
三恵ビル（〒一〇一＝〇〇六四）
電話 03＝3295＝3415
振替 00160＝6＝18956
http://www.koubunken.co.jp

組版／WEB D

印刷・製本／光陽印刷株式会社

★万一、乱丁・落丁があったときは、送料当方負担でお取りかえいたします。

ISBN4-87498-291-3　C0011